SwissLeaks

Gérard Davet e Fabrice Lhomme

SwissLeaks
Revelações sobre a fraude fiscal do século

Prefácio à edição brasileira
Ismael Pfeifer

Tradução
Guilherme João de Freitas Teixeira

Estação Liberdade

Título original: *La Clef: Révélations sur la fraude fiscale du siècle*
© Éditions Stock, Paris, 2015
© Prefácio à edição brasileira, Ismael Pfeifer, 2015
© Editora Estação Liberdade, 2015, para esta tradução

Preparação	Cacilda Guerra
Revisão	Huendel Viana
Editor de arte	Miguel Simon
Assistência editorial	Gabriel Joppert
Editor assistente	Fábio Fujita
Editor	Angel Bojadsen

CIP-BRASIL. CATALOGAÇÃO NA PUBLICAÇÃO
SINDICATO NACIONAL DOS EDITORES DE LIVROS, RJ

D269s

Davet, Gérard, 1966-
Swissleaks: revelações sobre a fraude fiscal do século / Gérard Davet, Fabrice Lhomme ; tradução Guilherme João de Freitas Teixeira ; prefácio à edição brasileira Ismael Pfeifer. - 1. ed. - São Paulo : Estação Liberdade, 2015.
240 p. ; 21 cm.

Tradução de: La clef: révélations sur la fraude fiscale du siècle
ISBN 978-85-7448-263-7

1. Lavagem de dinheiro. 2. Jornalismo - Aspectos políticos. 3. Corrupção na política. I. Lhomme, Fabrice. II. Título.

15-27616   CDU: 343.3

23/10/2015   26/10/2015

Todos os direitos reservados à Editora Estação Liberdade. Nenhuma parte desta obra pode ser reproduzida, adaptada, multiplicada ou divulgada de nenhuma forma (em particular por meios de reprografia ou processos digitais) sem autorização expressa da editora, e em virtude da legislação em vigor.

Esta publicação segue as normas do Acordo Ortográfico da Língua Portuguesa, Decreto nº 6.583, de 29 de setembro de 2008.

Editora Estação Liberdade Ltda.
Rua Dona Elisa, 116 | 01155-030 | São Paulo-SP
Tel.: (11) 3660 3180 | Fax: (11) 3825 4239
www.estacaoliberdade.com.br

Sumário

Prefácio à edição brasileira – Ismael Pfeifer
US$ 5,4 BILHÕES DE BRASILEIROS
VAZAM NA SUÍÇA   *13*

Prefácio à edição francesa   *39*

I.   A espiã   *45*

II.   O técnico de informática   *83*

III.   O funcionário do fisco   *107*

IV.   O procurador   *125*

V.   O deputado   *143*

VI.   A Fonte   *155*

VII.   O jornalista   *167*

VIII. O juiz   *195*

Epílogo   *213*

Anexos   *225*

Para Sylvie, Lisa, Nicolas. E Yutah.
À memória de Jacques Bérard.
G. D.

Para minha companheira, minha irmã,
meus pais e meus filhos.
À memória de John Graham Mellor.
F. L.

Para as mulheres e os homens do SDLP.[1]
G. D. e F. L.

---

[1] Sigla de Service de la protection [Serviço da Proteção], serviço da Polícia Nacional francesa responsável pela proteção a dirigentes ou ex-dirigentes da República francesa, autoridades estrangeiras em visita oficial ou, ainda, pessoas que sofrem sérias ameaças. [Todas as notas de rodapé são do tradutor.]

> *Deveríamos escrever livros somente para dizer coisas que não tivéssemos a ousadia de confiar a alguém.*
>
> Emil Cioran, *De l'Inconvénient d'être né*
> [Do inconveniente de ter nascido]

> *Sem dinheiro, não há Suíça.*
>
> Racine, *Les Plaideurs* [Os litigantes]

Prefácio à edição brasileira
US$ 5,4 BILHÕES DE BRASILEIROS VAZAM NA SUÍÇA

Ismael Pfeifer[1]

É irônica a tecnologia. Ao mesmo tempo que revolucionou a comunicação ao entregar conteúdo a jato pelas telinhas de celular, ela é tida e havida como algoz do jornalismo aprofundado e rigoroso — aquele dos repórteres investigativos e combativos, que recheavam as páginas dos jornais impressos há não muito tempo. A mídia digital teria priorizado a velocidade e o entretenimento fútil em detrimento da qualidade da informação. Mas na história contada por este livro, ao contrário, não fossem as possibilidades oferecidas pela tecnologia, o melhor jornalismo investigativo não teria conseguido revelar ao mundo a maior fraude fiscal de todos os tempos.

Quando dois experientes jornalistas do *Le Monde* receberam um singelo pen drive de uma fonte que apelidaram "GP" (alusão a "Garganta Profunda", que entregou informações ao *Washington Post* no caso Watergate), com dados de

---

[1] Ismael Pfeifer é jornalista com 35 anos de experiência, a maior parte na área de economia, tendo passado por veículos como *Gazeta Mercantil*, *O Estado de S. Paulo*, TV Cultura, SBT, Globo e Record. Graduado em jornalismo pela Pontifícia Universidade Católica de Campinas, fez especialização em jornalismo econômico na Universidade de São Paulo e pós-graduação em jornalismo internacional na Universidade de Navarra, Espanha.

contas numeradas secretas do HSBC Private Bank suíço, não imaginavam que naquela memória digital recoberta por três centímetros de plástico vermelho houvesse tanta e tão minuciosa revelação sobre depósitos de 180 bilhões de euros, ou (na cotação do momento em que dedilho estas linhas) uns 800 bilhões de reais. Dinheiro depositado em contas, muitas delas suspeitas, por mais de 100 mil pessoas de todo o planeta, entre 2006 e 2007. Nascia ali o caso que ficou conhecido como SwissLeaks.

Só duas décadas atrás, esse vazamento de números estratosféricos teria sido impossível. Calcula-se que para abrigar todas as informações contidas naquele minicérebro eletrônico seriam necessárias pelo menos umas duzentas volumosas encadernações de livros-caixa. E, obviamente, não poderiam escapar do HSBC suíço senão carregadas por uma van de bom porte. Não conseguiriam sair em arquivos digitais pela web ou, discretamente, no fundo de alguma maleta do funcionário Hervé Falciani, que cruzou insuspeito a porta da frente do banco e atirou no ventilador da mídia mundial dados sigilosos sobre gente de mais de duzentos países.

Um banqueiro me disse certa vez não acreditar que houvesse um único brasileiro "rico" sem alguma conta fora do país. Ele se referia hipoteticamente a pessoas com dinheiro ganho legalmente e dizia compreender a atitude, justificando com a histórica instabilidade econômica, planos mirabolantes e os altos impostos cobrados por aqui. Citou, por exemplo, jogadores de futebol e automobilistas brasileiros que vivem boa parte do ano no exterior. "Por que será que tantos pilotos têm residência em Mônaco?", me perguntou respondendo.

O próprio governo sabe — e bem — que há muito dinheiro de brasileiros guardado em contas no exterior, sobretudo em paraísos fiscais. Tanto é que busca aprovar um projeto de lei para trazer de volta ou legalizar parte dessa bufunfa bilionária. Em cálculos estimativos, haveria hoje no exterior uns 200 bilhões de dólares de origem lícita, o que torna o total nas contas de correntistas do Brasil no HSBC menos de 3% da dinheirama nacional em férias longe do fisco. "O SwissLeaks é uma gota d'água", segundo expressão do senador Randolfe Rodrigues, vice-presidente da CPI criada para apurar o caso e autor do projeto para tentar repatriar ou legalizar parte dos recursos ocultos no exterior.

Afora essa fortuna de origem supostamente legal, sabe-se também — e hoje como nunca — que dinheiro criminoso, de propinas em contratos de obras públicas ou mesmo do tráfico e do crime organizado, cruza o Atlântico ou segue rumo norte a ilhas caribenhas para pousar lavadinho e travestido de empresa de fachada em bancos nada curiosos sobre a maternidade daquela montanha de cédulas.

Ok, se é tão óbvio que ricos lícitos e ilícitos, brasileiros e do mundo inteiro, guardam no exterior pelo menos parte do dinheiro que amealham, por que chamou tanto a atenção o vazamento pela imprensa das listas de contas bancárias do HSBC? O Caso Banestado, entre 1996 e 2002, por exemplo, gerou evasão de pelo menos 30 bilhões de reais (uns 15 bilhões de dólares pelo câmbio médio da época), volume bem maior do que o recém-descoberto SwissLeaks brasileiro, que perde também para os desvios ainda em apuração do propinoduto da Petrobras, envolvendo políticos, empreiteiras e doleiros.

Para a professora especializada em direito penal econômico da Fundação Getúlio Vargas de São Paulo, Heloísa Estellita, o que torna importante o caso no Brasil é "a revelação detalhada de uma enorme quantidade de informações sobre milhares de pessoas, de todas as áreas de atividade e com muitas contas de décadas atrás", características que transcendem outros casos desvendados por aqui, nos quais as operações são sempre concentradas por grupos organizados de fraudadores.

Procurada por este livro, a própria Receita Federal brasileira respondeu em nota por que considera o SwissLeaks brasileiro tão significativo: "O caso apresenta características inéditas devido ao seu conjunto, não apenas pelos valores isolados de correntistas ou saldos. A forma como os dados foram obtidos da instituição financeira; sua apreensão pela polícia francesa; o envolvimento de dezenas de milhares de correntistas de países de todo o mundo; os diversos processos judiciais em tramitação em países da Europa contra correntistas e contra o HSBC; a suposta identificação de milhares de brasileiros com bilhões de dólares em contas correntes; todos esses fatores, somados, fazem deste um caso inédito e de grandes desafios para a Receita Federal e para o Estado brasileiro."

Este é um livro que mistura investigação, suspense e boas histórias, portanto. Daquelas histórias que você sempre soube que existiam, mas cujos comprovantes nunca pôde ter. O SwissLeaks é uma revelação de dimensões inéditas, e nesta obra estão os detalhes de como o jornalismo trabalhou duro para obter os dados e se antecipar na divulgação de informações consideradas de interesse público, o que acabou municiando as administrações fiscais e a justiça de duas centenas de países a trabalhar na direção de um sistema financeiro internacional mais limpo. Em que traficante não possa depositar sacolas de dinheiro vivo sem dizer como obteve aquilo; que político propineiro não consiga criar as manjadas empresas *offshore* nas Ilhas Virgens ou na Ilha de Jersey para esconder dólares que deveriam construir escolas e alimentar famélicos; ou que os endinheirados não tenham tanta facilidade para guardar seus milhõezinhos bem longe do fisco nacional.

Em resumo, nunca houve tantos e tão graúdos nomes exibidos com dinheiro duvidoso de uma única vez. Uma suspeita que nasce de um prosaico funcionário da área de informática do HSBC Private Bank de Genebra, uma agência que só recebia grandes depositantes. Ao perceber a gigantesca quantidade de contas de estrangeiros de todo o mundo nas planilhas que manipulava diariamente, o franco--italiano Hervé Falciani, nascido em Mônaco em 1972, intuiu que trabalhava para uma operação que, na prática, servia a fraudadores fiscais e provavelmente ao crime organizado planetário. E decidiu embolsar os dados para denunciar — ele sempre negou com veemência que pretendesse vendê-los.

Surgem daí questionamentos jurídicos até agora não plenamente respondidos sobre a legalidade dos dados vazados — já que foram furtados por um funcionário de banco, e não vieram à tona por ação de algum foro da justiça, polícia ou do fisco do país onde se situa o estabelecimento, a Suíça. Mais tarde, os dados surrupiados por Falciani foram validados judicialmente pelo governo da França, que na prática é quem distribuiu a notícia para o resto do mundo, além de proteger Falciani em seu território — o que até agora gera desconforto diplomático entre os dois países.

Fato é que, em março de 2008, Hervé mandou mensagem à administração fiscal federal britânica, terra matriz do HSBC, origem de mais de 4,5 mil contas da lista. Não obteve resposta. Em seguida, fez o mesmo ao fisco da Alemanha e nada. Até que em abril daquele mesmo ano conseguiu contato com o departamento tributário francês, e o longo processo de apuração sobre a autenticidade dos dados finalmente foi deflagrado.

A princípio, falava-se em mais de 8,7 mil nomes supostamente brasileiros no pen drive, o quarto maior volume de correntistas da relação. Pelo mundo, um total de mais de 100 mil pessoas. Entre elas, altas patentes e famosos como o rei do Marrocos, Mohammed VI; o rei da Jordânia, Abdullah II; o designer de moda Valentino; o banqueiro Édouard Stern; o multicampeão de motociclismo Valentino Rossi, e até os astros da Fórmula 1, Fernando Alonso e Michael Schumacher. Outro correntista desvendado que chamou a atenção da mídia é Alejandro Andrade, ex-segurança do ex-presidente da Venezuela Hugo Chávez, que depois foi presidente da Secretaria do Tesouro e do Banco Nacional de Desenvolvimento do país.

Do Brasil, vieram à tona pela imprensa celebridades como os escritores Paulo Coelho e Jorge Amado e nomes artísticos como o apresentador e humorista Jô Soares e o cineasta Hector Babenco. Há também contas em sobrenomes de famílias donas de grandes conglomerados de empresas, como os Steinbruchs, controladores de CSN, Vicunha e Banco Fibra, e três nomes da família Douer, que foram sócios da indústria têxtil Doutex.

Constam ainda das listas de 2006/07 correntistas ligados ao crime organizado no Brasil, como Aílton Jorge Guimarães, conhecido como Capitão Guimarães, apontado pela polícia como chefe do jogo do bicho e da máfia dos caça-níqueis no país, foragido desde dezembro de 2012, após ter sido condenado a 47 anos de prisão em regime fechado, pelos crimes de corrupção de agentes públicos e formação de quadrilha; bem como o colombiano Gustavo Durán Bautista, radicado no Brasil, tido como o braço direito do traficante Juan Carlos Abadia, chefe do Cartel del Norte del Valle, na Colômbia.

O enorme número de brasileiros na lista de depositantes dessa agência de Genebra do HSBC tem explicação. O gigante com matriz na Inglaterra comprou por 10 bilhões de dólares, em 1999, dois bancos internacionais, o Republic New York Co., dos Estados Unidos, e o Safra Republic Holding, com atuação na Europa, do banqueiro libanês-brasileiro Edmond Safra, irmão dos também banqueiros Moise e Joseph Safra, donos do Banco Safra do Brasil. O Grupo Safra sempre foi reconhecido por brasileiros endinheirados como um cofre seguro e de confiança e isso levou a que muitos se refugiassem nesses bancos no exterior em períodos conturbados e de inflação alta, durante os anos 1980 e início dos 1990. Quando o HSBC adquiriu as duas redes, os cadastros com os nomes de correntistas dessas instituições foram transferidos e concentrados na agência de Genebra, o que justifica a presença de tantas contas de brasileiros já encerradas há até 25 anos.

Cabe aqui deixar claro que ter conta na Suíça, nos Estados Unidos, no Panamá, nas Ilhas Jersey ou em algum dos vários paraísos fiscais pelo mundo não é crime por si só. É necessário apenas obedecer dois princípios: comprovar a origem legal do dinheiro depositado e pagar os impostos devidos ao país de residência. Os autores deste livro, os dois jornalistas do *Le Monde*, Gérard Davet e Fabrice Lhomme, que se debruçaram durante anos sobre esta história, desvendaram as listas e as distribuíram à mídia mundial, enfatizam que se pautaram por princípios jornalísticos estritamente éticos durante todo o processo de trabalho — da investigação à publicação. Ao receberem a lista completa de uma fonte secreta, buscaram confirmar a autenticidade dos dados, o que ao final afirmam ter conseguido no cruzamento de números com planilhas obtidas pelas autoridades francesas.

Em meio ao dossiê de investigações que apresentam neste livro, fazem questão de defender-se da acusação de que atuaram como simples delatores ou fraudadores de sigilos fiscais bancários. Alegam ter utilizado como fundamento central provas e evidências de irregularidades nas operações do HSBC suíço apontadas pelas próprias autoridades francesas e que usaram rígidos critérios jornalísticos de defesa do interesse público ao expor todo e qualquer nome, oferecendo o direito de resposta concomitante a cada um dos citados.

A decisão de distribuir o "furo" que detinham a jornais de todo o planeta se deu quando perceberam que aquela avalanche de revelações não cabia num só jornal, ainda que este fosse um dos mais respeitados do mundo, o septuagenário *Le Monde*. Davet e Lhomme procuraram, então, em julho de 2014, o Consórcio Internacional de Jornalistas Investigativos, o ICIJ, na sigla em inglês. A organização foi considerada por eles a forma mais adequada de pulverizar aquelas informações, compartilhando as investigações com 157 jornalistas de 47 países envolvidos.

Aqui no Brasil, o SwissLeaks foi atirado no colo do experimentado e respeitado repórter Fernando Rodrigues, do UOL, o principal portal de notícias do país, pertencente ao Grupo Folha de S. Paulo. Membro do ICIJ há anos, Rodrigues é jornalista de perfil independente, que tem a seu favor o fato de já ter feito denúncias consistentes contra alas de várias tendências do espectro político nacional — da direita à esquerda. Decidiu, logo após a primeira publicação exclusiva, dividir as informações das listas do HSBC com outra grande publicação, o jornal *O Globo*, do Rio de Janeiro.

Foi acusado apressadamente por alguns colegas de esconder nomes e fazer uso ideológico do material que tinha em mãos. Mas, ao final, publicou em conjunto com o jornalista Chico Otávio, que encabeçou o trabalho em *O Globo*, cerca de quinhentos nomes — entre os donos das contas mais volumosas, celebridades, proprietários de meios de comunicação e jornalistas, magistrados, políticos de cinco partidos, escritores, empresários do transporte coletivo do Rio de Janeiro, entre outros.

Foram apresentados inclusive os nomes dos controladores do próprio portal UOL e do jornal no qual Rodrigues trabalhou até recentemente por 28 anos, a *Folha de S. Paulo*, e da segunda esposa de Roberto Marinho, dono do Grupo Globo, Lily Marinho. "As críticas fazem parte da democracia e da liberdade de expressão. Mas muitas delas continham desconhecimento até das reportagens já publicadas. Até hoje é comum ler comentários em alguns sites dizendo que eu e os outros profissionais envolvidos não publicamos os nomes de donos de meios de comunicação — o que demonstra um pouco a indigência intelectual dessas publicações", defende-se Rodrigues.

Aparece nas listas divulgadas por ele e *O Globo* a conta conjunta pertencente aos empresários Octavio Frias de Oliveira (1912-2007) e Carlos Caldeira Filho (1913-1993), ex-proprietários do Grupo Folha. Luiz Frias (atual presidente da Folha e presidente/CEO do UOL) é citado como beneficiário da mesma conta, que foi aberta em 1990 e encerrada em 1998. Em 2006/07, os arquivos do banco ainda mantinham os registros, mas a conta estava inativa e com saldo zero. O Grupo Folha e a família de Octavio Frias de Oliveira responderam "não ter registro da referida conta bancária e manifestam sua convicção de que, se ela existiu, era regular e conforme a lei".

Lily de Carvalho, viúva de dois donos de jornais, Horácio de Carvalho (1908-1983) e Roberto Marinho (1904-2003), também figura na lista. Carvalho foi proprietário do extinto *Diário Carioca* e Roberto Marinho, dono das Organizações Globo. O nome de Lily, falecida em 2011, aparece nos documentos com o sobrenome Carvalho, seu primeiro marido, e a "Fundação Horácio de Carvalho Jr" é o representante legal da conta junto ao HSBC. O saldo de que ela dispunha em 2006/07 era de 750,2 mil dólares (pelo câmbio da época, mais de 1,3 milhão de reais). Consultado pelo UOL, o Grupo Globo respondeu que não faria comentários.

A exemplo do que Davet e Lhomme dizem logo no início do livro, que tremeram ao se deparar com o volume de informações e denúncias num minúsculo pen drive, Rodrigues admite ter sentido o peso da responsabilidade ao abrir as planilhas, seis meses antes da primeira publicação, definida em comum acordo por todos os membros do ICIJ para 8 de fevereiro de 2015. "Em primeiro lugar, vi que era muito importante ter em mãos um acervo de dados riquíssimo para produzir jornalismo investigativo de boa qualidade. Em segundo lugar, percebi o tamanho da responsabilidade de concentrar tantas informações reservadas. Também refleti sobre como seria bom para a democracia de vários países se jornalistas investigativos e/ou promotores de Justiça tivessem acesso a todas as contas mantidas nos paraísos fiscais do planeta. Por fim, veio a constatação de como há gente com muito dinheiro, muito mais do que é possível gastar numa vida inteira", resumiu o jornalista na entrevista a este livro.

Citados anteriormente, Paulo Coelho explicou ao UOL e a *O Globo* que tem residência na Suíça e que declara toda sua renda de direitos de vendas de livros à Receita Federal. A filha de Jorge Amado e Zélia Gattai, Paloma Amado, disse que seu pai viveu em Paris por algum tempo e que abriu conta nos Estados Unidos, transferida depois para a Suíça, para facilitar o acesso da mãe e dos filhos em caso de morte, o que ocorreu em 2001. A conta foi encerrada dois anos depois e Paloma acredita que tanto seu pai quanto a mãe tenham declarado as contas à Receita. Na lista de 2006/07, o saldo é zero.

Jô Soares, que consta como dono de quatro contas, entre 1988 e 2003 — portanto, fora do período vazado —, informou que foi correntista do HSBC de Nova York, não na Suíça. Demonstrou surpresa ao ver-se na lista e disse que desconhece as duas empresas que aparecem como operadoras de suas contas, a Lequatre Foundation e a Orindale Trading — seu saldo era zero em 2006/07. Hector Babenco, que surge como correntista entre 1988 e 1992, e que na lista tem saldo zero, afirmou que nunca teve conta no banco suíço.

As apurações de UOL e *O Globo* localizaram onze políticos brasileiros ou pessoas ligadas a políticos de cinco partidos diferentes na lista de clientes do HSBC em Genebra. Entre outros, o empresário e suplente de senador Lírio Parisotto (PMDB-AM), o integrante da Executiva Nacional do PSDB, Márcio Fortes, o vereador Marcelo Arar (PT-RJ), o ex-prefeito de Niterói, Jorge Roberto Silveira (PDT-RJ), e duas irmãs do deputado federal Paulo Maluf (PP-SP). Todos foram procurados pelos dois veículos e negaram irregularidades.

Na lista dos brasileiros com os maiores saldos, todos acima de 50 milhões de dólares em 2006/07, constam 38 nomes, boa parte deles reunidos em contas conjuntas e/ou parte de uma mesma família — são no total catorze grupos de pessoas. Todos os grupos — segundo o que foi publicado por UOL e *O Globo* — utilizavam empresas *offshore* em lugares como Ilhas Virgens Britânicas, Panamá, Uruguai, Liechtenstein, entre outros. A família Steinbruch aparece com a maior soma na lista de brasileiros no HSBC suíço. São sete nomes com quinze contas e um volume total de recursos de 543,8 milhões de dólares (1,16 bilhão de reais na cotação da época). O segundo maior montante pertencia à família Douer (Elie Douer, Maria Douer e Sion Elie Douer), da área da indústria têxtil, com dez contas e 270,2 milhões de dólares.

Em resposta ao UOL e *O Globo*, a assessoria de imprensa dos Steinbruchs enviou a seguinte nota: "Todos os ativos no exterior da família Steinbruch têm finalidades lícitas e estão de acordo com a lei. Quanto às menções a pessoas de sobrenome Steinbruch constantes de dados que foram roubados do Banco HSBC e manipulados, reiteramos que não correspondem à verdade e, por sua origem criminosa, não merecem comentários." Os jornalistas dos dois veículos afirmam ter procurado também integrantes da família Douer, mas não obtiveram resposta.

Fernando Rodrigues assegura que não enfrentou resistências ou sofreu pressões contra a publicação de quaisquer nomes, mesmo os dos donos do portal de notícias onde trabalha. E que antes de levar a público as relações de correntistas, percorreu sempre um mesmo caminho: procurou cada um dos citados para oferecer direito de resposta. No caso da lista das pessoas ligadas a meios de comunicação brasileiros, foram identificados 22 donos de mídia e sete jornalistas, todos com direito a defesa na mesma reportagem.

Rodrigues explica ainda que o Consórcio Internacional de Jornalistas Investigativos definiu como procedimento para todos os participantes da operação não divulgar a integralidade das listas. "O ICIJ concluiu que as listas não deveriam ser abertas na íntegra, pois injustiças poderiam ser cometidas. Os jornalistas tiveram que assinar um termo se comprometendo com essa diretriz. A instrução era fazer um trabalho de jornalismo investigativo para selecionar nomes com interesse público e divulgá-los com cautela, sempre ouvindo o outro lado. E mesmo que o ICIJ não tivesse imposto essa condição, não seria correto abrir a lista na íntegra. Divulgar dados indiscriminadamente não é fazer jornalismo investigativo. É papel do jornalista selecionar os dados e apresentá-los de forma equilibrada e inteligível", avalia.

Um dos grupos de contas pinçados por UOL e *O Globo* que mais chamaram a atenção foi o que mostrou nomes de 23 pessoas com contas secretas no HSBC envolvidas em vários escândalos de corrupção nos últimos 25 anos no Brasil. Um deles, o empresário Henry Hoyer de Carvalho, ex-diretor da Associação Comercial e Industrial da Barra da Tijuca, no Rio, foi citado por delatores da Operação Lava-Jato, que apura corrupção na Petrobras, como operador do esquema de pagamento de propinas para parlamentares do Partido Progressista, o PP. O próprio Paulo Roberto Costa, ex-diretor da Petrobras e um dos delatores do esquema de propinas na estatal, declarou ter possuído conta no HSBC de Genebra em 2012, onde foram depositados mais de 9,5 milhões de dólares recebidos de empreiteiras, mas não há confirmação sobre se ele já constava da relação de 2006/07.

O caso Alstom, que investiga formação de cartel para licitações no metrô de São Paulo, também tem dois dos correntistas na lista. São os ex-engenheiros do metrô, Paulo Celso Mano Moreira da Silva e Ademir Venâncio de Araújo, que, segundo as reportagens do UOL e do *O Globo*, abriram contas na Suíça na época em que a estatal assinou contrato com a multinacional francesa fabricante de trens.

Surgem ainda entre os depositantes três personagens-chave da maior fraude contra a Previdência Social no país: o juiz Nestor José dos Nascimento, o advogado Ilson Escossia da Veiga e o procurador do INSS Tainá de Souza Coelho (os dois últimos já mortos). O escândalo, que veio à tona em 1992, teria gerado um rombo calculado em 310 milhões de dólares à Previdência, por meio de falsificações de indenizações trabalhistas.

Não cabe a este prefácio repetir listas já exaustivamente replicadas na internet depois das divulgações feitas pela imprensa. São republicados aqui apenas alguns exemplos considerados importantes para mostrar como o SwissLeaks foi revelado no Brasil. Neste sentido, são especialmente significativos os nomes de envolvidos — e muitos já condenados — em escândalos de corrupção, o que traça uma inequívoca conexão entre as contas secretas e os assaltos ao dinheiro público a que o Brasil assiste periodicamente.

Para a especialista em direito penal econômico, Heloísa Estellita, essa é uma prática internacional que tende a persistir, ainda que os governos se organizem para reduzir os flancos à ilegalidade no mundo financeiro. "É da natureza humana. Principalmente o dinheiro sujo, do crime, vai sempre encontrar algum lugar que o aceite sem restrições. Enquanto houver crime econômico no mundo, vai existir paraíso fiscal para receber o produto do delito", decreta.

Mas ela e outros experts em finanças concordam que casos como o SwissLeaks, que veio a público em fevereiro de 2015, mas que já era conhecido por autoridades fiscais de vários governos desde 2008, estão resultando em restrições e mudanças nas legislações de muitos países, até então altamente permissivos ao dinheiro de onde quer que viesse. A própria Suíça já alterou procedimentos que na prática colocaram fim ao segredo irrestrito em favor dos depositantes em suas contas numeradas, ainda que o país considere criminoso o funcionário Hervé Falciani, que extraiu a lista de contas do HSBC e a entregou à França.

Um dos casos recentes que demonstram essa guinada nos fundamentos de proteção financeira da Suíça é a ação do Ministério Público daquele país, que investigou, bloqueou e entregou informações de contas suspeitas em nome do presidente da Câmara dos Deputados, Eduardo Cunha, às autoridades brasileiras. Os suíços têm colaborado também há alguns anos na identificação de contas em nome do ex-prefeito de São Paulo, Paulo Maluf, que, segundo denúncia do Ministério Público brasileiro, teria recebido dinheiro de empreiteiras de obras em sua gestão na prefeitura nos anos 1990.

Outro caso recente que demonstra a maior abertura da Suíça para atender os organismos financeiros internacionais foi a operação de prisão de dirigentes da Fifa — incluindo o ex-presidente da CBF, José Maria Marin — durante reunião para eleger a presidência da entidade, em Genebra. A polícia local cumpriu mandados de prisão a pedido da justiça dos Estados Unidos, que investiga desvios de dinheiro entre membros da entidade que comanda o futebol mundial.

"Já ficou mais difícil esconder dinheiro e manipular o sistema financeiro em muitos países. Na Suíça, praticamente não é possível fazer depósitos sem declarar a origem. Vários bancos estão aprendendo a lição a duras penas e tornaram-se mais rígidos na obediência aos regimes internacionais de conduta financeira depois de multas pesadíssimas, como o suíço UBS", pondera o economista Patrick Behr, professor de Finanças do Ebape/FGV do Rio de Janeiro, referindo-se à pena que a justiça dos Estados Unidos impôs a cinco dos maiores bancos do mundo, JP Morgan, Citigroup, Barclays, RBS e UBS, que admitiram culpa na manipulação de câmbio e de juros no mercado internacional e foram multados em 5,7 bilhões de dólares.

O próprio HSBC admitiu não ter seguido adequadamente os regulamentos internacionais de conduta financeira e fechou acordo com o Ministério Público da Suíça para pagar 40 milhões de francos suíços (cerca de 134,5 milhões de reais) e encerrar a investigação sobre crimes de lavagem de dinheiro, após o caso SwissLeaks. Embora a soma seja aparentemente pequena diante dos valores totais das contas secretas reveladas na agência de Genebra, de 180 bilhões de euros, trata-se da maior multa financeira já imposta por autoridades daquele país.

"A Suíça tem se tornado um país muito colaborativo com nossas investigações de irregularidades financeiras", atesta o secretário de Cooperação Jurídica Internacional da Procuradoria Geral da República, Vladimir Aras. Para ele, ainda que o escândalo do Banestado, que lavava dinheiro e sonegava impostos com remessas ao exterior pelas chamadas contas "CC5", entre 1996 e 2002, tenha alcançado desvios maiores, o caso do HSBC suíço para o Brasil revela um volume de nomes e de situações inédito. "É surpreendente que um banco tão importante e tão grande tenha cometido falhas de *compliance* dessa dimensão", diz Aras.

Regras de *compliance* são o conjunto de condutas éticas que as empresas devem observar para não se desviar de leis locais e convenções internacionais para garantir a legitimidade de suas operações. No caso dos bancos e empresas financeiras, entre outras coisas, o *compliance* visa assegurar que o recurso depositado pelo cliente tenha origem lícita e evitar que a instituição participe de operações de lavagem de dinheiro. Essas disciplinas são fiscalizadas pelos bancos centrais dos países, seguindo normas convencionadas pelo Gafi (Grupo de Ação Financeira sobre Lavagem de Dinheiro), criado no início anos 1990 como órgão internacional de prevenção de crimes financeiros.

Após os atentados de 11 de setembro de 2001, nos Estados Unidos, as ações do Gafi se intensificaram na direção de políticas para prevenir e combater a lavagem de dinheiro voltada a irrigar o terrorismo internacional, já que o treinamento e a ação dos homens que sequestraram os aviões para jogá--los contra o World Trade Center e Pentágono foram financiados durante anos por contas bancárias comuns, alimentadas por depósitos periódicos aparentemente lícitos.

Foi a Secretaria de Cooperação Jurídica Internacional, comandada por Vladimir Aras, a responsável por solicitar às autoridades da França o compartilhamento dos dados das listas do HSBC suíço, copiadas pelo ex-funcionário Hervé Falciani. No início de abril de 2015, uma comitiva brasileira encabeçada pelo procurador-geral da República, Rodrigo Janot, acompanhado por Aras, viajou a Paris para formalizar o pedido dos dados ao governo francês, já que para efeitos legais de investigação no Brasil, pelo Ministério Público e pela Polícia Federal, as publicações de nomes pela imprensa não têm valor jurídico.

As informações chegaram para as autoridades brasileiras em julho em três discos rígidos. A Receita Federal obteve a lista original já no final de março da própria administração fiscal francesa, com a qual tem acordo de cooperação. Mas até o momento em que concluíamos este prefácio, os organismos do governo seguiam em fase de investigações, sem a autuação de sonegadores ou donos de contas com dinheiro sem comprovação de origem. "Trata-se de um trabalho ainda em andamento, não havendo, no momento, resultados conclusivos a serem apresentados no tocante à constatação de crimes e à identificação dos responsáveis por tais ocorrências", explicou a Receita Federal em resposta a este livro.

Além disso, o governo francês resistia até novembro de 2015 a entregar a lista do HSBC suíço à Comissão Parlamentar de Inquérito do Senado brasileiro, para o caso SwissLeaks. Nos acordos de cooperação entre Brasil e França não estão inseridas as comissões parlamentares de inquérito.

Mas para o senador Randolfe Rodrigues (PSOL-Amapá), vice-presidente da CPI constituída para apurar o caso, não é apenas a falta da lista que impede o avanço dos trabalhos da comissão. Para ele, há desinteresse de boa parte dos senadores em investigar pessoas que aparecem como correntistas. "Eu consegui quebrar o sigilo de 33 nomes que estão nas listas publicadas pela imprensa. Mas, semanas depois, a própria CPI reverteu a quebra, com alegação de senadores de que, além da relação de nomes não ser legal, não era conveniente expor nomes de grandes empresários neste momento, em meio à crise", reclama o senador.

Para o jornalista Fernando Rodrigues, os organismos brasileiros envolvidos na investigação do caso estão demorando muito a responder às revelações feitas pela imprensa, em relação a vários outros países. "O caso aqui não teve o impacto necessário, comparado com o que ocorreu em outros lugares. Até março de 2015, a Bélgica havia arrecadado 490 milhões de dólares em multas e impostos sonegados de quem tinha contas não declaradas no HSBC da Suíça. A Espanha, 298 milhões de dólares, e a França, 286 milhões. No Brasil, zero."

A Receita Federal justificou a este livro que obteve no final de março da Direction Générale de Finances Publiques, a receita federal francesa, informações sobre contribuintes supostamente brasileiros titulares de contas correntes do HSBC de Genebra, apontando para um total de 8.732 correntistas — é importante dizer que nos cadastros das contas constam nome, documento de identidade do titular da conta, dados como data de nascimento, mas não o número do CPF. "A Receita iniciou os trabalhos para a correta e efetiva identificação dos correntistas na base do Cadastro de Pessoas Físicas. Foram realizadas 34.666 consultas aos cadastros da RFB, referentes a diferentes combinações de nomes e datas de nascimento para cada CPF, até chegar a números finais", explicou por meio de nota.

Segundo a mesma nota da Receita Federal brasileira, foram identificados nas contas de 2006/07 o total de 7.536 CPFs de brasileiros, entre os quais 779 contribuintes já falecidos. No cômputo final, a Receita chegou efetivamente a 5.581

contas correntes de brasileiros naquele momento, incluindo ativas e inativas. "Desse total, 1.702 contas apresentavam saldo ao final de 2006, englobando um valor de 5,4 bilhões de dólares." Ou seja, na contabilidade da Receita, as cifras em nome de correntistas brasileiros ficaram cerca de 20% abaixo do que foi estimado num primeiro momento, algo próximo de 7 bilhões de dólares.

Em cálculos estimativos, esses 5,4 bilhões de dólares contabilizados pela Receita Federal na Suíça — praticamente a totalidade não declarada — poderiam gerar uma cobrança de impostos, e multas de até 3,7 bilhões de dólares (mais de 14 bilhões de reais pelo câmbio de meados de outubro de 2015), considerando-se as atuais alíquotas para regularização de depósitos não declarados ao fisco de brasileiros no exterior. Hoje, o imposto de renda para esses casos é de 27,5%, mais multa sobre o devido que varia de 75% a 150%.

Ocorre que a legislação brasileira extingue a cobrança das dívidas fiscais e a própria punição a depositantes — por sonegação — após cinco anos. E como os eventuais crimes contidos nas listas do SwissLeaks ocorreram em 2006/07, não haveria mais o que fazer contra tais correntistas. "Restaria a possibilidade de investigação pelo Ministério Público para os casos de evasão de divisas ou lavagem de dinheiro pelo crime organizado", explica o professor titular de direito financeiro da USP, Heleno Torres.

Nas respostas remetidas a questões feitas por este livro, a Receita Federal diz que utiliza as informações sobre irregularidades nas contas do HSBC para investigar sonegação nos últimos cinco anos. "A Receita está cruzando as informações desses CPFs (do caso SwissLeaks) com suas bases de dados para identificação de contribuintes com interesse fiscal para o período de 2011 a 2014", indicando que os nomes que tenham despertado alguma suspeita a partir das listas de 2006/07 passariam por um pente fino no período mais recente. A dificuldade para esse procedimento reside no fato de o Brasil não ter acordo fiscal com a Suíça para poder requisitar informações dos últimos anos. Além disso, o governo suíço considera ilegais as listas publicadas pela mídia mundial a partir da apuração e validação dos dados por parte das autoridades da França, que é o que compõe também a base de informações do governo brasileiro.

De qualquer forma, haveria pelo menos em tese a possibilidade de requisitar informações recentes das autoridades suíças de pessoas que se tornaram alvo de processo por parte do Ministério Público brasileiro, por terem sido flagradas em sonegação, evasão de divisas ou lavagem dinheiro em data prescrita. Ocorreria com tais contribuintes requisição similar à feita pelo Ministério Público no caso do deputado e ex-governador e prefeito de São Paulo, Paulo Maluf, que teve abertos os dados de contas em seu nome naquele país.

Em outra frente, tramita no Congresso Nacional um projeto de lei proposto pelo senador Randolfe Rodrigues para tentar repatriar pelo menos parte dos estimados 200 bilhões de dólares de origem considerada lícita de brasileiros no exterior, nos cálculos do professor Heleno Torres, da Universidade de São Paulo, que assessora o projeto. "É uma estimativa com base em dados de saída de recursos não declarados do país nas últimas décadas e a criação de empresas brasileiras no exterior a partir dos anos 1990, o que faz com que muito recurso brasileiro esteja fora e sem pagar imposto", explica o especialista em direito tributário internacional.

Segundo as regras propostas pelo projeto, por um prazo de 180 dias os donos de depósitos no exterior poderiam repatriar e regularizar a situação fiscal — ou mesmo deixar o dinheiro onde está — mediante o pagamento total de 30% sobre o saldo (15% de imposto mais 15% de multa), bastante menos do que definem as regras em vigor, que cobram entre 48% e 69% entre imposto e multa sobre o valor não declarado depositado no exterior.

Embora os valores sejam imprecisos, já que não existe contabilidade oficial a respeito desses recursos, o autor do projeto calcula que essa espécie de anistia temporária aos devedores da Receita Federal com dinheiro no exterior poderia gerar uma arrecadação extra entre 30 bilhões e 100 bilhões de reais, além de um repatriamento de até 200 bilhões de reais, durante os seis meses de vigência da regra. "É uma alternativa temporária, para regularizar pelo menos parte do que os brasileiros têm de dinheiro no exterior, mas apenas o que foi obtido licitamente. E, de quebra, podem ser arrecadados até 100 bilhões de reais, o que vai fazer bem ao país", defende Randolfe Rodrigues.

Segundo o professor Heleno Torres, trata-se de uma oportunidade para ajudar a resolver casos como o do HSBC suíço e muitos outros casos de dinheiro de origem regular não declarado. "Se um quarto dos depositantes aderissem ao programa, haveria uma arrecadação de impostos perto de 70 bilhões de reais, o que geraria um impacto muito positivo para a economia", diz.

"Acho ótima ideia conceder anistia para repatriamento de dinheiro que comprove origem lícita. Muitos países já adotaram o mesmo procedimento e os resultados foram positivos", opina a especialista em direito penal econômico da FGV,

Heloísa Estellita. "Essa será uma oportunidade para aqueles que nos anos 1980 e início dos 1990 mandaram dinheiro para fora, e com razão, porque foram mil planos econômicos que chegaram a confiscar a poupança de toda uma vida das pessoas. E agora pode haver a possibilidade desses contribuintes repatriarem ou legalizarem o dinheiro, o que é bom para eles e para o país", completa Heloísa.

Para a própria Receita Federal, porém, as atuais regras para regularizar a situação de recursos não declarados no exterior já são bastante brandas. E esses benefícios acabariam gerando "sensação de impunidade ao sonegador" e não promoveria o que ela chama de "justiça fiscal". Na nota em que a Receita Federal responde questões a este livro, a direção do órgão critica a falta de punição aos devedores do fisco: "O pagamento de tributos extingue a punibilidade dos crimes contra a ordem tributária e contra a Previdência Social. Isso diminui drasticamente a percepção de risco e estimula a sonegação fiscal, além de aumentar a insatisfação dos contribuintes que estão em dia com suas obrigações. Permitir a efetiva punição aos sonegadores seria, assim, fator de promoção de justiça fiscal".

Em paralelo a essas discussões, a Receita Federal brasileira aderiu a partir de setembro de 2015 ao Fatca (Ato de Conformidade Fiscal de Contas Estrangeiras), regulamento do Internal Revenue Service, órgão responsável pela arrecadação tributária dos Estados Unidos, que faz intercâmbio de informações fiscais de cidadãos americanos em outros países e, em contrapartida, oferece as informações fiscais dos estrangeiros em seu sistema financeiro. Com o convênio, a Receita brasileira passará a receber automaticamente informações sobre contas bancárias de brasileiros nos Estados Unidos com saldo acima de 50 mil dólares e poderá fazer as autuações cabíveis. A partir de 2016, os dois países também trocarão informações sobre rendimentos de aplicações financeiras, além dos saldos em conta. A pretensão da Receita Federal é fechar acordos similares com outros países nos próximos anos.

A partir de 2018, o Brasil passará a fazer parte de acordo similar de compartilhamento de dados bancários e financeiros com os 34 países ligados à OCDE (Organização para Cooperação e Desenvolvimento Econômico). "O mundo mudou muito nos últimos anos e a viagem de dinheiro não declarado ou criminoso vai ficar cada vez mais difícil", projeta Heleno Torres, que considera o projeto de repatriamento de recursos uma oportunidade para os que têm dinheiro de origem legal no exterior. "Em algum momento essas contas vão aparecer, e quem não aproveitar as vantagens que o projeto dá corre o risco de ter de pagar muito mais imposto e multa no futuro", completa.

Apesar de tantas frentes em busca de dinheiro brasileiro irregular no exterior, as apurações do caso SwissLeaks no Brasil parecem não avançar. "A CPI do HSBC caminha para um fim melancólico, sem ter quebrado sigilos ou indiciado pessoas. Alguns senadores disseram expressamente que grandes empresários deveriam ser poupados para não prejudicar seus negócios. O Ministério Público e a Polícia Federal têm a lista completa e ainda analisam o caso. Espero que façam um trabalho sério e tragam a público suas conclusões", anseia Fernando Rodrigues, seguro de ter cumprido sua parte nas denúncias pela imprensa.

Em entrevista dada ao jornal *O Estado de S. Paulo*, Hervé Falciani, o funcionário que denunciou as contas do HSBC de Genebra, disse que "especialistas em evasão — em geral advogados — se deslocaram nos últimos anos da Europa para países como o Brasil". Ele usa a expressão "bancos opacos" para designar as instituições que oferecem mecanismos para a evasão fiscal. "O Brasil é o país que oferece mais facilidade para todas as atividades de finanças obscuras", afirmou Falciani.

Trata-se de acusação pesada contra o sistema financeiro brasileiro, embora aparentemente sem grande fundamentação. Mas, curiosamente, a própria Receita Federal vê sentido no que diz Falciani e, em resposta dada a este livro, pede uma menor proteção ao sigilo bancário no país. "O Brasil é reconhecido nos fóruns internacionais por manter uma legislação bastante restritiva no tocante ao acesso às informações financeiras pela administração tributária. Nesse contexto, há debates envolvendo a necessidade de atualização da lei de forma a tornar mais flexível o acesso às informações financeiras", diz a nota, que vai além: "Apesar de todos os controles que a Receita Federal possui em relação às informações prestadas pelos contribuintes, as movimentações financeiras que utilizam mecanismos ilícitos de transferências podem jamais ser detectadas." Um diagnóstico alarmante da principal autoridade tributária do país, que parece soar como música para os muitos que por aqui costumam ensaboar dinheiro nas velhas e nada tecnológicas máquinas de lavar.

Prefácio à edição francesa

Esse pen drive é uma batata quente em nossas mãos.
E não passa de um objeto extremamente banal, de cor vermelho-sangue.
Ocorre que, às vezes, o retiramos de seu esconderijo — ou melhor, de seus esconderijos. Depois de empunhá-lo, ficamos olhando um para o outro, perplexos.
Atormentados.
O que fazer? A responsabilidade de carregar esse pen drive é enorme. Somos os únicos a conhecer sua verdadeira origem, sua enorme capacidade de causar danos, o que ela implica também de vidas destruídas, em suspenso.
Trata-se da operação SwissLeaks.
O segundo grupo bancário mundial está à sua mercê. Mas não só. E seu conteúdo? Um grande número de dados preciosos que foram roubados por um técnico de informática à procura de dinheiro e, em seguida, de glória: Hervé Falciani. Ou seja, 106 mil nomes de potenciais sonegadores do fisco, oriundos de cerca de duzentos países, seus ativos no HSBC Private Bank, em Genebra, suas empresas *offshore*... Às vezes, também, seus segredos de alcova.
Cento e oitenta bilhões de euros ocultados hermeticamente nesse objeto insignificante que, na realidade, nunca sai de nossas mãos.

Dissimulado, removido de um lado para outro. Com frequência.

Vai que...

Paranoia? Mas, então, como explicar as admoestações recorrentes, as mensagens curiosas, as incessantes ameaças, diretas ou indiretas, depois que nos apoderamos dele?

E, que fique claro, que não têm deixado de nos repetir que acabaríamos por criar inimigos poderosos...

Esmagadora responsabilidade. Para chegar às nossas mãos, esse pen drive seguiu um incrível percurso, balizado de armadilhas, superadas mediante o trabalho de um punhado de mulheres e homens de boa vontade... Mais precisamente, oito. Nem todos esses cidadãos estavam animados pelas mais puras intenções, nem mesmo se conheciam, mas estão todos conectados por um ponto comum: sem sua colaboração, o caso HSBC/SwissLeaks, o maior escândalo de sonegação fiscal de todos os tempos, nunca teria estourado. Eles permitiram a existência desse pen drive ou nos ajudaram a obtê-lo.

Apoiado em novas revelações, este livro acalenta a ambição de relatar a gênese e os subterrâneos de um caso extraordinário — no sentido próprio do termo —, através de seus principais protagonistas. Sem eles, nada teria sido possível...

Trata-se de um *thriller* com oito rostos.

Impunha-se dizer tudo, ou quase tudo. Relatar de que maneira — e por que motivo — dois repórteres do *Le Monde* foram destinatários de informações explosivas que, propulsadas por um consórcio internacional de jornalistas investigativos, continuam deixando o mundo inteiro em polvorosa. Recheado com documentos ultrassecretos, testemunhos iné-

Prefácio à edição francesa

ditos e numerosas fontes de primeira mão, este livro oferece um mergulho espantoso nos bastidores de uma investigação planetária entre Paris, Londres e Washington, entremeada por reviravoltas surpreendentes. Uma devassa sob alta tensão, também, com implicações financeiras, políticas e diplomáticas absolutamente colossais.

Fala-se aqui, com efeito, de lavagem de dinheiro relacionado ao narcotráfico, ao crime organizado de venda de armas e ao terrorismo. Políticos, *estrelas* do cinema ou da música, vedetes do esporte, homens de negócio bilionários, figuras influentes da Máfia... Na sua maioria, sonegadores confirmados. Portanto, infratores.

Está fora de questão que, neste livro, desempenhemos o papel de delatores, mesmo que citemos alguns nomes. Mas fraudar o fisco constitui, convém sublinhar, uma infração, ao abrigo do artigo 1.741 do Código Geral dos Impostos francês, punível como tal com cinco anos de prisão. O simples fato de algumas pessoas terem questionado a pertinência de operações jornalísticas do tipo SwissLeaks é bastante significativo no que se refere ao poder sinistro do dinheiro.

Em particular na França.

Finalmente, o que pensar de uma instituição bancária que incentiva os clientes a contornar as normas europeias em vigor — como é confirmado pelas fichas de contato, reveladas também pelas listas de Falciani — e que chega inclusive a oferecer sua intermediação, no Hexágono, aos contribuintes franceses mais ricos (ver Anexo 1)? O Ministério Público francês da área financeira já tomou providências, uma vez que, em 10 de março de 2015, apresentou queixa contra a filial suíça do HSBC perante a vara de crimes contra o sistema financeiro [*Tribunal Correctionnel*], denunciando "um sistema organizado de lavagem de dinheiro de amplitude excepcional que constitui uma verdadeira política comercial". Na expectativa da abertura de um eventual processo, presume-se evidentemente a inocência do HSBC Private Bank, assim como de sua matriz, o grupo HSBC Holdings, que se encontra, por sua vez, sob investigação desde abril de 2015 por "cumplicidade de lavagem de sonegação fiscal com agravantes" e por "cumplicidade de angariação ilícita de clientes". Tudo isso é acompanhado por uma fiança recorde de 1 bilhão de euros! Por considerá-la "sem fundamento", o HSBC Holdings entrou com recurso contra essa decisão.

Tendo passado para a posteridade sob o termo "SwissLeaks", seu nome de batismo midiático, esse *affair* sem precedentes — cujo cenário, em que o suspense rivaliza com o medo, faz lembrar ao mesmo tempo um romance de espionagem e um *thriller* político-financeiro — é portanto, também e antes de mais nada, uma história assombrosamente humana.

Ela põe em cena os seguintes personagens: uma espiã, tão discreta quanto eficaz, dos serviços secretos franceses; um tarimbado técnico de informática; alguns funcionários do fisco estimulados e, ao mesmo tempo, apavorados pela ideia de serem bem-sucedidos na maior jogada de suas carreiras; magistrados amordaçados por freios de natureza política; dois grandes repórteres, portadores de um pen drive, objeto de enorme cobiça; e, ainda, um consórcio de jornalistas investigativos, estranho agrupamento de "caçadores solitários", dessa vez unidos.

E, evidentemente, uma fonte providencial, condenada a permanecer na sombra; no entanto, sua coragem e senso cívico incentivaram-na a correr o risco de transmitir as informações explosivas que havia conseguido obter.

Juntos, esses personagens formam um exército improvável na sombra, protagonistas de uma história inusitada que acabou por superá-los, solidários como os elos de uma corrente invisível. Cada um deles, em determinado momento, passou por situações de risco — e alguns ainda vivem sob ameaça...

Eles arriscaram suas reputações, às vezes até suas vidas. Muitos nunca chegaram a se conhecer, nem sequer a se falar. Outros encontraram-se, por ocasião de colóquios, em quartos de hotel, instalações oficiais ou bistrôs discretos.

Todos eles são os atores do mesmo filme, do qual nenhum conhece o script.

Destinos entrelaçados. Em seu nível, cada um desempenhou sua tarefa, nem sempre consciente disso, por uma causa superior a seus interesses particulares. Alguns tiveram de abandonar a empreitada no meio do caminho. Descartados. Humilhados.

Todos sabiam demais.

Mas, unidos sem nenhum entendimento prévio, eles permitiram que, ao termo de grandes esforços, conseguíssemos encontrar esse pequeno pen drive vermelho que provoca um rombo nos cofres suíços.

Somos os únicos que travamos conhecimento com todos, tendo servido de vínculo entre eles.

Em relação ao caso, está apenas em seu começo.

Apesar de ter atingido já um ritmo vertiginoso, ele ainda esconde um grande número de mistérios. Era condição obrigatória dispor de 1 milhão de dólares para tornar-se cliente do HSBC Private Bank, em Genebra — quantia a ser depositada no decorrer dos doze meses subsequentes à abertura de uma conta; ora, numerosos clientes incluídos nas listas apresentavam ativos bem reduzidos, inclusive beirando o zero, entre novembro de 2006 e março de 2007, período correspondente a nossos dados.

O que teria ocorrido com o dinheiro deles?

Quem está por trás das contas — cujo saldo eleva-se a dezenas de milhões de euros — registradas em nome dos "gerentes HSBC", os quais não passam, sem dúvida, de simples testas de ferro de circunstância? A quem conduzem essas empresas de fachada, domiciliadas nos paraísos fiscais, cujos titulares ainda não foram identificados?

Nomes de prestígio e bastante conhecidos, além de interesses enormes, assustadores, permanecem ainda encobertos, protegidos pelos estatutos *offshore* de centenas de empresas. A salvo.

Por enquanto. Grande número de dados ainda está por ser decodificado.

Maldito pen drive.

I

A espiã

O primeiro homem que sabia demais é uma mulher.
Margaux.
Enfim, presume-se que esse seja seu nome. Ela faz parte da Direction générale de la sécurité extérieure (DGSE, Direção Geral da Segurança Exterior), o mais célebre dos serviços de inteligência franceses. Lá em cima, no nordeste de Paris, no boulevard Mortier, ao lado da Porte des Lilas, mentir é uma arte generalizada. Ou, até, uma virtude.
Margaux é, portanto, o que se designa por "agente secreto".
Uma espiã.
Para falarmos com franqueza, nada se sabe a seu respeito. Ou, então, pouca coisa.
Seria baixa, alta, bonita, morena, loura, boa de papo e insolente? Temos de imaginá-la. Conhecemos apenas sua voz: clara, resoluta, sólida. Quando ela fala, presta-se atenção ao que ela diz.
Margaux tem uma especialidade: é comportamentalista.
Especialista na arte de aferir uma fonte, de avaliar sua

linguagem corporal, suas entonações... seu grau de confiabilidade. Compete-lhe dar o consentimento prévio para qualquer operação clandestina, para qualquer recrutamento de informante. Ela sabe até onde pode avançar, adaptar seu discurso — é a rainha da metáfora —, como levar uma fonte a desembuchar suas informações. Ela explica, disserta, esquadrinha. Em suma, uma craque. Tendo se submetido ao treinamento implacável da DGSE, "la Boîte" [a Caixa] — como é conhecida a instituição do boulevard Mortier —, ela aprendeu as indispensáveis regras de segurança, fez os 172 estágios de tudo o que se possa imaginar, as 55 semanas de formação...

É ela portanto quem, no dia 6 de dezembro de 2008 — em um impessoal quarto de hotel em Saint-Julien-en-Genevois, perto da fronteira suíça —, deve avaliar o interesse de dar o sinal verde, de intensificar os vínculos com um interlocutor misterioso que, ao que tudo indica, é um potencial informante de altíssimo nível. É ela quem vai garantir definitivamente uma das mais bem-sucedidas apreensões da história do fisco francês, ao validar a solidez da pista.

Sem sua perícia, sabe-se lá o que teria acontecido...

Margaux está diante de um homem que se apresenta com o nome de Ruben Al-Chidiack. Um trintão em plena forma. Afável. O que ele diz nem sempre é compreensível, pelo fato de que, às vezes, suas palavras parecem estar em descompasso com seus pensamentos, misturam-se, confundem-se... e como que se desfazem no ar. Ele usa um jargão curioso, servindo-se dos mais alambicados termos para exprimir as coisas mais simples. A abstração figurativa aplicada à linguagem...

Mas, finalmente, ele tem a aparência de uma presa de primeira ordem.

I – A espiã

Ainda será necessário ter certeza de que esse desconcertante personagem é sincero, inequívoco em suas intenções. Primeira preocupação e de grande importância: Ruben Al--Chidiack não existe. Ao menos não com essa identidade. Trata-se de um pseudônimo. O indivíduo vive escondido e procura proteger-se desde que, em abril de 2008, enviou uma mensagem, de conteúdo bem instigante, para Philippe Guillonneau, policial da Brigade centrale de lutte contre la corruption [Brigada Central de Luta contra a Corrupção], situada em Nanterre, a oeste de Paris. Em seu texto, ele garante dispor de todos os detalhes relacionados aos clientes do HSBC Private Bank, na Suíça — um dos maiores bancos privados do mundo. Sediado em Londres, o HSBC Holdings é um mastodonte bancário.

HSBC. Quatro letras de uma sigla que significa "Hong Kong and Shanghai Banking Corporation". O banco foi fundado no século XIX por um escocês, um tal Thomas Sutherland, então dirigente da companhia de navegação P & O. A primeira agência é aberta em Hong Kong, em 3 de março de 1865; um mês depois, a segunda, em Xangai. Desde sua origem, o estabelecimento exala um odor de enxofre. Ou, melhor dizendo, de papoula! "O HSBC reuniu suas primeiras riquezas graças à colheita do ópio das Índias, depois do Yunnan [província do sudoeste da China]", de acordo com a evocação feita por um excelente artigo do *Le Monde Diplomatique*, em fevereiro de 2010. Na realidade, sua fundação foi a consequência das vitórias do Império Britânico contra a China por ocasião das duas Guerras do Ópio (1839-1842 e 1856-1860). Atualmente, o HSBC é um gigante presente em 84 países, que emprega 271,5 mil colaboradores e conta com cerca de 60 milhões de clientes.

É essa instituição que, segundo sustenta Ruben Al-Chidiack, foi alvo de suas investidas. Ele afirma, convicto, que detém as provas dos ativos ocultos de 20.130 empresas e de 107.181 pessoas físicas, oriundas de 144 países. E promete entregar setenta gigabytes de dados, nada além disso...

É como tirar a sorte grande.

Melhor: uma verdadeira mina de ouro.

Os policiais transmitem a informação à Direction nationale d'enquêtes fiscales (DNEF). Setor reforçado e secreto do Ministério do Orçamento, a DNEF é constituída por 420 investigadores de elite, instalados em Pantin, a nordeste de Paris, em espaços sob segurança ultrassofisticada. São verdadeiros caçadores: dispõem de inúmeros recursos, descartando qualquer tipo de compaixão. Seu trabalho é rastrear os fraudadores, juntando serviço de inteligência com ação.

A informação chega à mesa do diretor da DNEF, Roland Veillepeau, que está completando um ano no exercício de suas funções. Por coincidência, ele obteve o mesmo tipo de informação por intermédio de um de seus amigos, funcionário do National Criminal Intelligence Service (NCIS), uma estrutura de interserviços dependente do premiê britânico. Com efeito, Al-Chidiack enviou também, em 18 de março de 2008, às 11h05, uma mensagem para o seguinte endereço: enquiries.estn@hmrc.gsi.gov.uk (ver Anexo 2). O do fisco inglês.

Um texto realmente instigante: "Tenho a lista completa dos clientes de um dos cinco maiores bancos privados do mundo." Bem aliciante, tanto mais que o redator da mensagem promete revelar a identidade de 4.525 fraudadores britânicos. Apesar disso, nenhuma reação é esboçada pelos funcionários ingleses, que, nesse momento, estão atolados

I – A espiã

em outro escândalo fiscal, relacionado com Liechtenstein. Eles deixam escapar o golpe do século. Deliberadamente ou por coação? Erro de apreciação ou pressão política? De qualquer modo, como seria possível deixar de sublinhar que, na época, a presidência do HSBC era ocupada por lorde Stephen Green, um personagem influente que, após sua saída do banco, no final de 2010, será nomeado ministro do Comércio de David Cameron?... É claro que não há nenhuma prova de sua intervenção. Mas as autoridades inglesas não pretendiam manifestamente criar caso com o HSBC, ainda por cima um grupo bancário britânico.

Os alemães, por sua vez, receberam uma mensagem do mesmo tipo (ver Anexo 3). E demoraram para reagir; assim, perderam uma oportunidade de ouro.

Mas não Veillepeau. O grande caçador farejou a presa ideal. Então, ele transmite instruções a seu secretário-geral, François Jean-Louis, e ao chefe da Célula de Assuntos Especiais, Jean-Patrick Martini: Verifiquem lá qual é a tramoia, diz a eles em resumo, entrem em contato com Al-Chidiack, mas tenham cautela.

Os dois homens conhecem bem o modo de proceder: os funcionários do fisco francês não remuneram informantes, ao contrário, por exemplo, de seus homólogos alemães; assim, eles têm de usar de astúcia, apelar para o civismo e, às vezes, até para os sentimentos patrióticos das eventuais fontes.

Na DNEF, Martini é conhecido pelo apelido de "*apéro*".[2] Lógico. Esse *bon vivant*, apreciador de charutos, nascido no Vietnã na década de 1960, tornou-se inspetor principal do Ministério da Fazenda por ter acumulado várias façanhas.

---

2 Forma popular para "aperitivo".

"Na DNEF, sou encarregado do tratamento das fontes, do serviço de inteligência nesse setor", é o resumo de suas funções apresentado por ele diante dos gendarmes[3], em setembro de 2013. Mudo como um túmulo, é um tipo com voz grave, áspera, que sabe desenterrar segredos fiscais.

Um agente secreto a serviço de Sua Majestade Bercy.[4]

Bem antes do encontro definitivo de 6 de dezembro de 2008, há portanto um primeiro contato. Na primavera de 2008, Margaux ainda não faz parte do circuito; Al-Chidiack começa por ficar sob a tutela da dupla Jean-Louis/Martini. Quando uma fonte dessas se manifesta, é preciso, antes de mais nada, sondá-la, proceder à sua avaliação.

Tentar descobrir suas intenções.

Um encontro é marcado na fronteira franco-helvética em 28 de junho de 2008. Para garantir a segurança, em qualquer eventualidade, estão presentes, discretamente, alguns amigos da DGSE. Verdadeiros durões.

Na DNEF, adquiriu-se o costume, há muito tempo, de trabalhar em estreita colaboração com espiões dos serviços secretos da segurança exterior. Eles dispõem de incríveis possibilidades técnicas, de métodos comprovados. Muitas vezes, os membros dessa surpreendente confraria das sombras reúnem-se em comilanças descomunais.

Nesse 28 de junho, eles estão a postos para exercer sua função. Al-Chidiack, por sua vez, caminha tranquilamente na

---

3 Membros da *gendarmerie*, que, na França, é uma força militar incumbida das tarefas de manutenção da ordem pública, de combate a infrações e de fiscalização do trânsito rodoviário; assim, em relação às delegacias de polícia civil, suas atribuições têm a ver com critérios territoriais ou funcionais.

4 Metonímia para designar o Ministério da Economia e da Fazenda francês, cujas instalações se encontram no bairro com esse nome, em Paris, perto da Bastilha.

I – A espiã

rua. Temperatura estival. Ele usa camiseta, está bronzeado, segura uma sacola na mão.

Clic-clac. Clic-clac. Os caras da DGSE batem dezenas de fotos. Às escondidas.

Tivemos a oportunidade de ver essas fotos. Al-Chidiack parece descontraído, quase sereno. Ele entra em um prédio e transpõe a porta de uma sala. É aguardado por Martini e Jean-Louis, que se mostram um tanto agitados. Essa conversação é o ponto de partida de toda a operação. E foi gravada porque Martini carregava um microfone escondido. Sem o conhecimento do interlocutor. Para conservar provas e prestar contas. Tivemos a possibilidade de conhecer o conteúdo das gravações — enviadas ao escalão mais elevado em Bercy —, de autenticá-las, além de transcrever fielmente a conversa. Que escutamos várias vezes.

Fascinante sessão de abordagem.

Nela, ouve-se Martini e Jean-Louis incentivar Al-Chidiack a cometer um ato ilegal, a fornecer-lhes dados que, segundo eles sabem, foram roubados; no entanto, eles se encarregarão de torná-los anônimos, a fim de evitar qualquer ação judicial por parte dos contribuintes que, posteriormente, vierem a cair na malha fina do fisco.

Eis como foi o começo de tudo.

— Então, estamos ouvindo — começa Martini. — Será que podemos tomar notas... isso não o incomoda?

— Pelo contrário... eu próprio farei o mesmo — retruca Al-Chidiack. — Para retomar o histórico de minha iniciativa, eu trabalhava em um banco privado e me dei conta de que certo número de coisas estava oculto.

— O senhor se encontrava efetivamente no serviço adequado para tratar desse tipo de informações. Então agora eu gostaria de lhe formular a seguinte pergunta: como é que o senhor pode ter certeza de que o comportamento do banco oculta irregularidades quando, afinal, o banco se submete a suas regras, ou seja, o sigilo bancário ou o sigilo profissional? O que o leva a afirmar que, mesmo respeitando tais regras, isso dissimula irregularidades?

— Não tenho nenhuma certeza sobre esse ponto... sei apenas que, se elas existem, sinto-me em condições de revelá-las.

— Tudo bem. Então o senhor tem exemplos específicos, capazes de suscitar nosso interesse?

— Tenho a totalidade...

— O que pretende dizer com isso? — intervém Martini. — Quais são, para o senhor, os elementos dignos de interesse?

— Pois bem... para o senhor, as provas de irregularidades... quanto a mim, tenho um conjunto...

Percebe-se que Martini dá sinais de impaciência. A conversação arrasta-se demais. No entanto, acima de tudo, convém não destratar o interlocutor. Deixá-lo progredir em seu ritmo. Ele sabe perfeitamente — atitude que faz parte da panóplia de um inspetor — que é importante evitar a intimidação de uma fonte potencial.

Mas Martini é irascível. E, segundo parece, as circunvoluções do interlocutor já começam a exasperá-lo.

— Não, vejamos, com objetividade, simplesmente... o senhor tem um conjunto de fatos, mas que tipo de fatos? Que tipo de dados?

— Pois bem... tenho dados de natureza informática...

— Mas que se referem a que tipo de informações?

I – A espiã

— Precisamente, tudo o que é "historizado" em relação a transações bancárias, a números de conta...

— Tudo bem... portanto, o senhor tem dados bancários, movimentações financeiras...

— Isso mesmo.

— O senhor tem nomes? — pergunta Martini, com sofreguidão. — Contas bancárias? O senhor tem identidades bem definidas...

— Isso mesmo. É isso. Inclusive endereços. Tudo o que está armazenado no sistema.

— Mas então, uma pergunta: como é que o senhor teve a possibilidade de coletar essas informações? Não precisa indicar sigilos profissionais, mas ainda assim...

— Minha preocupação também tem a ver com isso... se estamos aqui é também para que, em relação aos senhores, entremos nos detalhes da proteção e também da responsabilidade quanto à divulgação desses dados. Portanto, não quero correr riscos excessivos. Acho que já estou correndo... nem que seja por ter tomado essa iniciativa.

— Para nós, isso é o mínimo — insiste Martini. — A operação será cancelada se, por uma razão ou outra, o senhor estiver correndo algum risco. Nenhuma dúvida a esse respeito. Mas, agora, será normal que o senhor disponha de todos esses dados sem que ninguém tenha se dado conta do que estava acontecendo?

— Antes de responder, eu queria lhes dizer que, ao proceder assim, eu também tinha receio em relação à lei, ou seja, não sei em que medida, inclusive ao colaborar com os senhores, considerando que, até prova em contrário, a Suíça é um Estado amigo, até onde poderei colaborar sem cometer alguma infração.

— Nesse caso, a partir do momento em que sua colaboração não se faz sob coação, não há limite...

— Então, os senhores garantem a legalidade...

Ele desembucha, finalmente, o termo. "Legalidade." Trata-se de um palavrão, nas zonas de penumbra em que está imerso o mundo dos serviços de inteligência. É possível agir sem esse entrave. Deve-se agir sem ele. Assim, a DGSE, em essência, é impelida a trabalhar fora das restrições de ordem judicial ou legal: ela vasculha lixeiras, instala microfones, "neutraliza" alvos, remunera fontes, incentiva traições... Em compensação, os investigadores, sejam eles policiais civis, gendarmes ou funcionários do fisco, estão submetidos ao Código Penal ou aos regulamentos administrativos. Ora, utilizar dados roubados, no domínio judicial, é algo discutível. Na França, a justiça, tanto no âmbito penal quanto no civil, é variável, aliás, em suas diferentes interpretações: será que ela pode utilizar listas subtraídas, em um país amigo, de instituições bancárias supostamente respeitáveis?

O debate permanece em aberto.

Com efeito, a jurisdição existente da Corte Suprema francesa refere-se unicamente ao plano penal. Ainda restam uma margem de apreciação, algumas brechas... E, além disso, que tipo de risco corre o ladrão de tais informações?

Essa é a questão formulada por Al-Chidiack.

Cabe a Martini dar-lhe uma resposta convincente.

— Preste atenção, isso não poderia ser de outro modo — diz calmamente. — Considerando que somos funcionários atuando no âmbito de uma missão oficial, é claro que, se fosse algo ilegal, acabaríamos todos em cana.

I – A espiã

— Em contrapartida, há uma questão que me azucrina — intervém Jean-Louis. — Todo mundo já entendeu que a proteção de sua pessoa, de seu anonimato, é uma evidência e, ao mesmo tempo, não sei... há algo que... É preciso ter clareza, encontramo-nos no âmbito, nesse caso, de uma relação que é informal, não vou apresentar-lhe uma convenção assinada pela embaixada da França...

— Como se trata, em última instância, de algo precisamente no nível internacional — interrompe Al-Chidiack —, eu gostaria de saber que tipo de implicações isso poderia ter no plano legal, processo ou...

— Então, veja bem, o senhor está na França e se dirigindo a funcionários franceses. Agora, a informação que nos dá, e, mais uma vez, isso é muito claro, se não for possível utilizá-la de maneira legal, ela não será utilizada. Portanto, isso é taxativo.

Al-Chidiack parece não estar totalmente tranquilizado. Em diferentes momentos, mostra-se inquieto em relação às eventuais repercussões da divulgação dos dados sobre sua pessoa. Será processado na França por isso? Correrá o risco de ser preso? Os funcionários da DNEF recitaram o discurso oficial: o fisco pode perfeitamente utilizar dados, independentemente de sua origem. Basta manter sob sigilo sua procedência, a fim de proteger o informante. Nada obriga Bercy a submeter o caso à justiça, que, por sua vez, acabaria por exigir garantias suplementares. Eles pretendem apossar-se desses gigabytes. Além de desejarem compreender melhor como Al-Chidiack conseguiu obtê-los...

— Qual é sua formação? — pergunta Jean-Louis.

— Engenheiro, no começo. Mas, bem... matemática, física... Assim, estando em contato com os bancos de dados e observando também certo grau de negligência, pensei: Puxa!, e não deixa de ser exagerado, o que se passaria se tal ou tal coisa acontecesse?, e assim por diante... Isso tinha a ver com a confidencialidade em relação aos clientes. Quando se toma consciência de que existe uma incúria que pode fazer com que os dados venham a ser conhecidos...

— O senhor está falando de incúria na proteção do sistema informático?

— Perfeitamente. E depois toma-se gosto por isso... Tem a ver também com o contexto de meu trabalho, ou seja, que se procura às vezes agregar dados para fazer relatórios interessantes e se percebe que, afinal, ao agregá-los, nem sempre se tinha o direito de aceder a eles, entende?

— A informação, para nós, é simples — diz Jean-Louis.

— Se temos um nome, um número de conta, e ainda duas ou três movimentações, além do saldo de uma conta durante um ano não vencido, a partir dos dados em nosso poder faremos cruzamentos para verificar se isso já está integrado em nossos bancos de dados, se essas pessoas são conhecidas. Se descobrimos, a partir desses elementos, que a pessoa não declarou nenhuma conta no exterior, nesse caso temos efetivamente uma configuração que seria mais semelhante a evasão fiscal.

— Tudo bem, agora, estamos falando de um banco privado, é isso... ou seja, o acesso a uma conta de um banco privado impõe uma seleção.

— Bom... sua conversa pouco está adiantando, mas, como estamos falando de banco, será que se trata realmente do HSBC?

I – A espiã

— Exatamente... Hoje em dia, é preciso ter, no mínimo, digamos, 1 milhão de francos suíços para abrir uma conta... Ou ter relações para legitimar que fulano de tal...
— Agora o senhor me deixa atônito, se é que posso falar assim... quando diz que "é preciso ter 1 milhão de francos suíços", não de euros, mas de francos suíços, para abrir uma conta, com a condição de ser filho ou filha sei lá de quem, etc. A partir dos dados que nos passou, acabei memorizando 100 mil pessoas físicas, 21 mil empresas... uau! Cem mil pessoas físicas é um número descomunal!

Sente-se quase fisicamente essa mistura de assombro e euforia que toma conta dos funcionários da DNEF. Essa história, se verdadeira, é o prêmio de loteria acumulado garantido. Nunca o fisco francês esteve em condições de penetrar com tamanha virulência no sistema bancário da Suíça. E de recuperar uma quantidade tão grande de dinheiro.
Isso implica também, necessariamente, inúmeros obstáculos pela frente: de natureza política, diplomática, judicial...
Estressante e estimulante.

— E vêm do mundo inteiro — sublinha Al-Chidiack. — Mas atualmente, em capital de gestão, são 100 bilhões de dólares, o patrimônio correspondente a esses clientes chega a 100 bilhões de dólares...
— Bom, efetivamente, esses dados merecem ser analisados, está muito claro! — eufemiza Martini. — Então, como o senhor vê o modo de proceder, visto que é o técnico?
— De minha parte, não tenho conhecimentos especiais em termos de segurança, de confidencialidade, além desse material. Desde já, convém ver como vamos estar em contato...

— Como será possível estar em contato de maneira confidencial?
— Perfeitamente.
— Nesse caso, não estaremos em condições de lhe responder hoje, mas vamos providenciar um protocolo de segurança para o contato, isso é possível. Inclusive com um telefone codificado entre o senhor e nós, algo assim.
— Espere, há uma coisa que nos interessa — diz Jean-Louis. — Gostaríamos de ter já um ou dois casos para verificar qual é o grau de validade...
— Mas isso só poderá ser feito quando tiver sido instalado o protocolo de segurança para a troca de informações — relativiza Martini.
— Mas, enfim, se o senhor tivesse um nome para nos fornecer...
— Não tenho elementos para determinar qual deles seria interessante para os senhores — corta Al-Chidiack.
— Não sei... porém, uma vez mais, se o senhor me diz que lá existem clientes que, para abrir uma conta, devem fazer um depósito de 1 milhão de francos suíços, eu diria que, em última análise, estamos prontos a aceitar qualquer nome... Vamos ver se nos entendemos: o senhor tem realmente dados alfanuméricos? — insiste Jean-Louis.
— Mas tenho sobrenomes, prenomes, parentes, endereços, domicílio fiscal declarado e assim por diante...
— E também na França?
— Sim.
— Na França e nos Estados Unidos... o senhor tem esses dados?
— Com certeza. [...] Com telefones, profissões...

I – A espiã

— Impecável. Bom, sobre o material, creio que podemos nos entender — congratula-se Martini.

— Há talvez uma área a respeito da qual devemos ser bem claros: a informação, se funcionar normalmente, será processada, mas nunca lhe será comunicado se é algo positivo... enfim, vamos lhe dizer globalmente...

— Mas creio que ele não liga para isso — interpõe-se Martini.

— Não poderemos lhe dizer: realmente, nossas investigações... O senhor percebe o que quero dizer? É que somos obrigados a...

— Com certeza — interrompe Martini —, mas creio que isso não é uma preocupação para... Rubin? Ruben, o senhor disse?

— Ruben.

— Ruben? Está bem, desculpe, vou chamá-lo de Ruben, certo? Essa não é a sua preocupação, hein... acho que sua iniciativa é idealista, exemplar...

— Não sei, mas penso que é bastante pragmática... ah... "Idealista" é uma palavra muito solene... Vamos ver isso mais tarde... se for confirmado que é interessante, apresentarei minhas exigências, que os senhores vão entender, legitimamente...

Nervosismo no recinto. Silêncio sepulcral.
Momento da verdade.
Se Al-Chidiack exige dinheiro em troca de seus bons e venais serviços, então nada poderá ser feito. Nessa matéria, a legislação francesa é bastante estrita, mesmo que, atualmente, em Bercy, da forma mais discreta possível, estejam sendo elaborados decretos para reconhecer aos funcionários

do fisco um estatuto quase equivalente ao de seus colegas da alfândega, que têm a possibilidade de recrutar e recompensar os delatores.

— Exigências? — Jean-Louis, pelo tom de voz, revela certa apreensão.

— Sobre a segurança, os riscos... — responde Al-Chidiack.

— Garantimos isso ao senhor — exclama Jean-Louis, aliviado. — Ou, então, não se avança. Nesse plano, seremos taxativos. Portanto, temos de instalar esse dispositivo... o procedimento; a segunda coisa é que, para sua implantação, teremos inevitavelmente de nos reencontrar, pelo menos, uma vez...

— Claro.

— Não necessariamente aqui. Não sei em que área o senhor pode circular sem grande problema. Sabendo que não iremos do outro lado, certo?

— Com certeza, os senhores estão impedidos de ir à Suíça... É preciso que me indiquem agora o critério que me permita selecionar um ou dois casos.

— Veja só, é simples demais. Por gentileza, anote o seguinte...

Al-Chidiack tira um caderno da sacola.

— Nesse caso, se o senhor puder apresentar uma amostra de sete ou oito pessoas...

— Você tem razão, porque um único nome não nos servirá para nada... — insiste Martini.

— Sim, com certeza...

— ... e corremos o risco de dar com os burros n'água...

I – A espiã

— Porém, preciso evitar trazer comigo esses elementos — adianta Al-Chidiack.

— De fato... não deve trazê-los.

— Mas tenho de enviá-los aos senhores... portanto, convém ver agora de que modo...

— Com certeza... então, será que o senhor tem... Podemos lhe enviar um pen drive, em que será integrado, sabe, o programa TrueCrypt, o senhor deve conhecer, que acredito não ser tão ruim assim, hein? Nós o enviamos, ou o senhor compra?

— Bom, se os senhores me fornecerem um agora mesmo, hoje é sábado, já posso levá-lo comigo...

— Veja bem, o senhor pode encontrar o programa na internet e, em seguida, enviar para nós, isso mesmo, por SMS, rapidamente, o código que nos permita ter acesso ao pen drive depois que ele tiver sido codificado.

— Então, enviarei o código para os senhores por SMS... e quanto ao pen drive, como o envio, por...?

— Pelo correio.

— Postado por uma agência de correio na França ou de qualquer outro lugar — confirma Jean-Louis.

— Nesse caso, tenho de saber o endereço.

— Para a diretoria, na nossa repartição.

— Para nossa repartição, mas não quero que isso fique passando de mão em mão...

— Entendi... então, que a encomenda seja remetida em seu nome — diz Martini.

— O senhor deve escrever: D.N.E.F., François Jean-Louis, 6 bis, rue Courtois, C.O.U.R.T.O.I.S., 93.695 Pantin, cedex. E acrescentar ainda "aos cuidados de"... e "pessoal".

— Muito bem.

— Se o senhor quiser usar o banheiro... Desde já, queremos lhe agradecer... É algo... interessante.

Técnica manjada: envia-se o interlocutor ao banheiro, para decidir em dois minutos, na sua ausência, a estratégia a seguir. No caso, mesmo que o microfone tenha sido desligado nesse momento, ela é simples: para verificar a credibilidade do personagem, a dupla de investigadores da DNEF espera obter, da maneira mais segura possível, uma amostra, ou seja, alguns nomes de fraudadores. Se estes corresponderem a uma realidade bem concreta, então, muito rapidamente, será preciso rever Al-Chidiack, mas então com a necessidade urgente de convencê-lo a se identificar.

Margaux terá a oportunidade de entrar em cena.

Passaram-se seis meses desde esse primeiro encontro na fronteira franco-suíça.

O envio de dados ocorreu relativamente bem. François Jean-Louis recebeu, em 3 de julho de 2008, os sete nomes prometidos, criptografados. Problema, o código não funciona. Assim, em 7 de julho de 2008, Jean-Patrick Martini envia um SMS para sua nova fonte: "Bom dia. O código não funciona. Contate-me para mais detalhes, por favor. JPM." Resposta rápida de Ruben Al-Chidiack. Dessa vez, tudo dá certo. As primeiras verificações batem. Não há dúvida: as listas são confiáveis. Roland Veillepeau está convencido. O diretor da DNEF envia um breve relatório para seus superiores. Ele obtém autorização para comprar, especialmente, um software por 300 mil euros, a fim de processar os futuros dados, e declara-se capaz de recrutar peritos em informática para proceder a uma análise mais aprofundada da lista. Ele

I – A espiã

os encontra na escola dos inspetores do fisco e, em seguida, transfere-os para sua repartição.

Está tudo pronto.

Resta um problema: obter a totalidade dos nomes. Etapa delicada demais. Veillepeau expõe tal obstáculo à DGSE. Impõe-se esta certeza: Ruben Al-Chidiack deve revelar sua verdadeira identidade; impossível embarcar em tal aventura com um desconhecido. E se Al-Chidiack for manipulado pelos suíços? E não passar de um cavalo de Troia destinado a pôr os serviços franceses em uma situação difícil? No universo da contraespionagem, a desconfiança é uma regra básica. Sobretudo em relação à Suíça, que, nesses tempos de fraude fiscal generalizada, não tem o mínimo interesse em deixar que estrangeiros saqueiem seus preciosos cofres.

Em um relatório interno, os homens da DNEF alertam o chefe nos seguintes termos: "O receio em relação a uma possível tentativa de manipulação pelos serviços helvéticos ou por um banco suíço, especialmente na sequência do caso de Liechtenstein, e a ignorância sobre os verdadeiros motivos da fonte levaram a suspender, durante algum tempo, as relações com o informante, tanto mais que continua sendo desconhecida sua identidade."

É preciso obter mais informações. Superar o impasse.

Aliás, essa é a função dos serviços especiais.

A DGSE decide pôr à disposição da DNEF um de seus melhores funcionários, especialista em psicologia e, portanto, em manipulação de fonte.

Margaux.

Em 2 de dezembro de 2008, Al-Chidiack recebe um novo SMS: "Bom dia, Ruben. Desejamos encontrá-lo no sábado, 6 de dezembro, em Saint-Julien." Essa é a última cidade francesa antes da fronteira com o território helvético.

O segundo encontro é marcado para 6 de dezembro de 2008. Mas continua sendo difícil estabelecer contato com Al--Chidiack. Ele acabou tomando algumas precauções: seu único telefone é um celular, comprado, em junho de 2008, a um torcedor desconhecido por ocasião do Campeonato Europeu de Futebol, que ocorreu, nesse ano, na Áustria e na Suíça.

Um quarto de hotel. Um frio tipicamente alpino. Dessa vez, três personagens enfrentam o enigmático Ruben Al-Chidiack: a dupla Martini/Jean-Louis é agora reforçada pela enorme expectativa depositada em Margaux: a espiã será bem-sucedida no desafio em que os dois funcionários do fisco fracassaram?

Dispositivo idêntico ao do primeiro encontro: a conversação é gravada sem o conhecimento da potencial fonte, enquanto vários agentes de segurança tomam posição na porta do prédio. De novo, vamos reconstituir os trechos mais significativos desse surpreendente diálogo a partir da gravação. Como é que tivemos oportunidade de escutar esse documento fonográfico? Cabe a cada um imaginar o que se passou... As fontes são inúmeras.

Mas tudo é rigorosamente exato.

— O que há de novo, desde junho? — investe Jean-Louis em tom afável.

— Estou sempre disponível, aguardando o que têm para me dizer...

— Analisamos os elementos que o senhor nos forneceu, já lhe dissemos que o material apresentava indícios interessantes para nós... Precisaríamos obter mais elementos. Como isso pode ser feito?

— Meu interesse não é lhes insinuar... minha única intenção seria saber o que vão fazer com isso... É algo que diz

I – A espiã

respeito aos senhores — afirma Al-Chidiack. — Faço questão de não me envolver com isso.

— O senhor não deseja que seu nome apareça...

— Isso mesmo.

— Quanto menos as pessoas souberem sobre o motivo da investigação, melhor será para nós — intervém Margaux, que entra em cena. — Eis o que mantém certa confidencialidade. Como em qualquer serviço um tanto discreto, se há repercussões midiáticas, é sobremaneira ruim para nós, porque isso nos obriga a prestar contas a instâncias midiáticas, criando obstáculos a nossas ações. Quanto menos divulgação houver, melhor será para nós.

— Entendo sua argumentação — opina Al-Chidiack.

— Gostaríamos de fazer um balanço com o senhor — retoma Margaux. — Garantir que as modalidades de nossa relação sejam claras tanto para o senhor quanto para nós. Estamos em dois países diferentes, o senhor está na Suíça e nós, na França. O senhor é o único fiador de sua segurança, e sua formação, sua profissão principal, nada têm a ver com isso. Temos de definir juntos o protocolo de segurança, por exemplo, os detalhes de procedimento de urgência se algo preocupante atingir o senhor. Isso pode acontecer.

— Não dou muita importância aos riscos que posso correr no dia a dia. Estou envolvido em uma iniciativa mais otimista, como obter de maneira *secure* as informações, como os senhores vão tirar partido delas... De acordo com minha iniciativa, trata-se de revelar determinadas coisas que não são legítimas nem desejáveis, mesmo que eu obtenha algum benefício com isso. Quando comecei a trabalhar, não pensava em incentivar atividades delituosas.

— O senhor gostaria de dar a conhecer uma tramoia... — resume Margaux.

— Exatamente... o sistema tem falhas.

Já é hora de Margaux avançar seus peões. Sondar o terreno. Ela deve sair desse quarto com uma impressão favorável — ou não.
E, se possível, com um nome.
A verdadeira identidade de Al-Chidiack.

— Habitualmente — diz ela —, nós nos baseamos em um espírito de colaboração, não tratamos as pessoas como marionetes, na linha "extraímos delas o suco e as jogamos fora". Funcionamos da maneira mais discreta possível, de modo que haja o mínimo de efeitos secundários para nós e para as pessoas com quem trabalhamos. Ora, essa base só é possível se todos abrirem o jogo. Vamos lhe ensinar procedimentos de segurança que são técnicas já comprovadas, adaptadas a um terreno específico, que é o seu na Suíça; e o senhor tem de entrar em contato com pessoas na França através de uma rede de transmissão bem particular. Temos de saber com quem estamos falando. Os elementos que temos sobre sua pessoa, sobre sua função são bastante fragmentados. Para qualificar a qualidade das informações em seu poder, é necessário que não haja opacidade entre o senhor e nós. O senhor sabe quem somos, qual é nosso objetivo, e precisamos saber sua identidade, em que consiste seu trabalho, quais são suas motivações...
— Isso o deixa ofendido? — interrompe Jean-Louis, dirigindo-se a Al-Chidiack.
— Preciso de mais detalhes sobre as consequências que isso vai implicar — responde ele.
— Se conhecermos sua identidade — intervém Martini —, teremos confiança total nas informações que nos fornecer,

I – A espiã

saberemos utilizá-las sem nunca colocar em risco sua segurança.

— É o que estou fazendo, não vou declinar os riscos que os senhores correm. Estou aqui para que avancemos o mais rapidamente possível.

— As informações serão, por si só, eloquentes — retoma Margaux. — Mas há também a segurança que devemos lhe garantir. Se não soubermos quem o senhor é, como faremos para contatá-lo? Se por outro canal, porque o senhor não é a única pessoa que conhecemos no HSBC, ficarmos sabendo que circulam boatos, e não tivermos a possibilidade de entrar em contato com o senhor para dizer: "O senhor vai tirar três meses de férias conosco"...

— Não corro nenhum risco, além de 36 meses de prisão...

— Mesmo assim, isso nos complicaria! — exclama Jean-Louis. — O objetivo é desestabilizar um sistema com o mínimo possível de perdas, até sem perda nenhuma. Pensamos: ele está com toda a vontade, usamos suas informações e depois... Não podemos agir desse jeito, também estamos no circuito.

— Resta-me a escolha dos riscos — declara Al-Chidiack.

— Se o senhor não se importa de passar 36 meses na prisão, isso não nos deixa indiferentes — intervém Margaux. — Haverá um processo, um advogado lhe dirá: "Ponha isso em cima da mesa", e algo que deveria permanecer oculto acabará por ser revelado...

— O objeto do delito, as informações, elas estão em segurança no exterior, estabeleci este nosso encontro como último limite, mas providenciei a devida segurança, elas estão na Itália.

— O senhor já suspendeu o *make up* das informações?

— Em determinado momento, fiz isso. Depois, parei.

— Em 2007?

— No início de fevereiro de 2008. O arquivo inteiro.
— O senhor estaria disposto a nos fornecer um número maior de informações? Com as dez que o senhor nos deu, não iremos longe...
— Questionem o modo de funcionamento, a opacidade do banco suíço.
— O senhor deseja que essas informações tenham certa repercussão e que possam eventualmente ser rastreadas até o senhor? — pergunta Jean-Luis. — O senhor pode estar no olho do furacão.
— Tenho recebido as melhores classificações e as melhores promoções. Não quero que isso seja jogado em uma caixa de papelão no que se refere à tecnicidade, ao nível dos meios utilizados.

Nesse momento da discussão — que se transforma, às vezes, em diálogo de surdos —, sobressai uma evidência: Al-Chidiack deseja garantias para a utilização do material. E nunca responde diretamente quando lhe é solicitado a se apresentar sem máscara. Ele dá a impressão de nutrir uma certa indiferença em relação aos riscos judiciais; o que não é, de modo algum, o caso de seus interlocutores. Essa operação deve permanecer confidencial. Absolutamente. Caso contrário, o escândalo é garantido.

Dois serviços secretos franceses de mãos dadas para recuperar arquivos de clientes de uma instituição bancária, em um país amigo, perfeitamente democrático, e ainda por cima dados roubados... Existem aí todos os ingredientes para um grave incidente diplomático. Mais uma razão para limitar ao máximo qualquer tipo de erro. E, portanto, convencer Al--Chidiack a revelar sua identidade.

Margaux volta à carga.

I – A espiã

— O senhor está diante de dois funcionários da DNEF neste quarto — explica. — Quanto a mim, sou encarregada da gestão dos contatos, não é todos os dias que duas pessoas hierarquicamente responsáveis da DNEF vão gerenciar um contato, não se trata de dois inspetores. Se nos deslocamos até aqui e estamos tiritando de frio desde ontem, é porque pressentimos nesse caso um valor agregado de extrema importância. O propósito de nossa entrevista é que o senhor possa ficar convencido... o senhor se tornará uma espécie de investigador terceirizado.

— O senhor não tem nenhuma outra motivação além da transparência... sem rodeios, o senhor não exige uma contrapartida financeira? — pergunta, um tanto constrangido, Jean-Louis.

— Os senhores são comerciantes? Estão comprando alguma coisa? — replica Al-Chidiack, irritado.

Ofendido.
Talvez esteja fingindo. De qualquer modo, sua reação é antes incentivadora. Ele não exige dinheiro.

— De modo algum — responde Jean-Louis. — A diretoria dos impostos não remunera informantes, mas temos o dever de saber se isso não é uma motivação. Aliás, não fico escandalizado quando alguém me fala no assunto; pelo menos, o contrato potencial é claro, ficamos sabendo qual é a motivação.

— O senhor tem informações de alto nível e de grande importância, cujas incidências são realmente consideráveis — diz Martini.

— Eu poderia ter negociado...

— Então, não vamos falar mais nisso, convém dar nome aos bois.

69

— Seu objetivo — Margaux retoma a palavra — é desestabilizar um modo de funcionamento, e o senhor deseja saber hoje até onde podemos avançar. Não temos permissão de fazer o que nos dá na telha. Todas as nossas ações devem respeitar a legalidade. Se partirmos do princípio de que um processo judicial é intentado contra o HSBC, é necessário que o senhor tenha certeza de que a maneira de recuperar essas informações, por seu intermédio, não pode figurar em tal processo. Os riscos assumidos pelo senhor são passíveis de punições se for apanhado com a boca na botija.

— Trinta e seis meses e 50 mil francos de multa...

Manifestamente, Al-Chidiack procurou se informar e está ciente do risco que corre. Mas, em relação aos serviços secretos, a problemática é bastante diferente. Em primeiro lugar, uma vez mais, eles devem obter o verdadeiro nome do interlocutor. Acima de tudo, eles sabem que, se vierem a se apoderar dos dados, serão obrigados a enfrentar um enorme problema: em determinado momento, a justiça francesa vai desencadear o inquérito, se esse for o desejo de Bercy, e será necessário explicar convenientemente a proveniência das listas com os titulares das contas. Portanto, convirá "legalizar" de maneira bastante discreta o *modus operandi* em curso, "lavar" a operação, admitindo mesmo a possibilidade de mentir para os suíços. A DGSE nunca deverá ser citada e Margaux, ainda menos; quanto a Al-Chidiack, se ele permanecer o segredo mais bem guardado de Bercy, o lucro será total. Nesse caso, todos os métodos são bons.

Eis o que Margaux, na sequência da conversação, procurará fazer seu desconcertante interlocutor compreender; trata-se de argumentos suscetíveis de escandalizar — mas

I – A espiã

também de fortalecer — os advogados do HSBC, seus clientes, assim como as autoridades suíças, os quais não têm deixado de afirmar, há mais de seis anos, que as listas foram recuperadas de maneira perfeitamente ilegal pela França.

— Se indicamos em um processo o fato de que estivemos em contato com alguém, no âmbito do serviço, que correu determinado risco — explica portanto Margaux, com erudição —, nosso processo se revela frágil, o modo de recuperar as informações em si pode tornar-se objeto de uma anulação do processo por qualquer advogado. Terá de ser feito um esforço tremendo para a extração das informações e será necessário dar tratos à bola para tornar possível a recuperação dessas informações, mas por um viés legal. Fazer com que sejam levados em consideração inúmeros intermediários, que sejam empilhados determinados elementos que aparecerão em um processo de maneira legal. O ego do senhor será nocauteado, mas teremos de esquecê-lo.

— Meu ego está alhures — atalha Al-Chidiack com tranquilidade.

— Devemos fazer tudo para não haver nenhuma presunção de que essas informações foram obtidas pelo expediente que estamos utilizando neste momento...

— Estou sorrindo porque me sinto...

— Aliviado...

— Não estou preocupado... tenho a percepção do modo de proceder dos senhores.

— Quando se começa a trabalhar com assuntos como a regulamentação bancária, não é possível partir da estaca zero — diz Margaux. — As disposições legais são indispensáveis para avançar até o fim; se um juiz aparece no circuito, o processo vai chegar a seu termo. O valor agregado está no que o senhor nos dá de saída, o senhor é o navegador GPS; uma vez que temos o plano, damos a partida e o GPS indica para onde temos de ir, ele permanece no carro conosco. Em momento algum será sinalizado que ele estava conosco desde o começo até o fim. Fico tranquila com o fato de ver que não estamos lidando com alguém que deseja satisfazer um ego ao representar o papel de Kerviel, esse procedimento é contrário àquele em que estaremos envolvidos. Em momento algum o senhor terá a oportunidade de se vangloriar perante um tribunal. É nosso dever dizer-lhe isso hoje...

Em teoria, Margaux tinha razão: a referência a Jérôme Kerviel — o ex-*trader* do banco francês Société générale, que por pouco não levou sua instituição à falência, antes de endossar o personagem de Robin Hood das finanças — acabou sendo ainda mais pertinente do que ela imaginava na época.

No entanto, a história não irá se desenrolar exatamente como havia sido o desejo de Margaux.

— Tenho um problema mais concreto — diz Al-Chidiack. — Não quero que essas informações sejam danificadas e deixem de ser utilizáveis.

— Vou falar sem rodeios — replica Jean-Louis. — O senhor obtive as informações de maneira ilegítima, e, ao fornecê-las a nós, tornamo-nos receptadores de informações ilegítimas.

— Acho que ele tem conhecimento disso — intervém Martini. — Como é que se pode obter essas informações?

— Existem *backups* em DVDs que se encontram em outro país. Trata-se de encaminhar esses servidores para os serviços dos senhores e verificar como os técnicos podem processar esse material. Tudo será salvo sob a forma de banco de dados relacional, terão de ser montados, correlacionados. Há uma montagem dos dados.

— Temos os recursos para fazer isso. O senhor vai nos esclarecer sobre esses pontos. O resto ficará por nossa conta. O senhor não terá de fazer todo o trabalho.

— Quanto menos esforços forem exigidos do senhor, melhor será para nós — Margaux retoma a palavra, sorridente.
— Mas para economizar seus esforços, terá de nos dizer: "Vejam só, para decodificar, os senhores precisam de tal tipo de programa. Para fazer um bolo de chocolate, os senhores terão necessidade deste e daquele ingrediente..." Em seguida, cabe a nós a tarefa de fazer um bolo de chocolate bem gostoso.

— Vou fazer o papel de vilão em duas coisas — intervém Jean-Louis, no seu papel de responsável hierárquico da operação. — Não seria preferível o senhor sair da Suíça? Isso não tem muito a ver com a nossa função... Proponho-lhe...

— Qual é, então, meu interesse? Os senhores funcionam também como agência de viagens? — irrita-se Al-Chidiack. — Os senhores compram o imóvel e, na hora, voltam a alugá-lo ao vendedor?

— Se o cliente for simpático e a noiva for bonita — diverte-se Margaux, que tenta diminuir a tensão reinante. — A problemática suplementar desses dois senhores, mas com a qual nada tenho a ver, é gerenciar eventuais riscos que já ocorreram em casos anteriores. Quanto a mim, estou focada neste nosso contato de hoje, enquanto eles têm em mente sobretudo os riscos que já se produziram em contatos com pessoas menos bem-intencionadas que o senhor, as quais tinham objetivos ocultos ao fantasiarem um monte de possibilidades que um serviço do

Estado poderia colocar à disposição de alguém. Não estamos em uma alfândega, nem se trata de um serviço de obtenção de visto. Nem de um serviço de contraespionagem.

Mas Al-Chidiack não tem, na realidade, vontade nenhuma de sair discretamente da Suíça. Seus argumentos parecem ser perfeitamente coerentes. Ele pretende desestabilizar a instituição bancária. Abalar os alicerces de um sistema de fraude generalizada.

Portanto, suas revelações — este é seu desejo — devem ter um impacto, eventualmente midiático.

No entanto, será que seus interlocutores do dia estão em condições de lhe garantir isso?

— A partir do momento em que há a possibilidade de judicializar o caso, e que existe uma investigação fiscal, não será de modo algum ilógico que alguém venha a se interessar por esse caso, quanto maior for a montanha, tanto mais facilmente ela irá chamar a atenção — responde-lhe Margaux. — Não somos jornalistas, nosso objetivo é recuperar a informação. Não podemos lhe garantir que, daqui a oito meses, isso vire manchete do *Le Monde* ou que a notícia seja reprisada sem interrupção pela CNN...

Afirmações que, vistas em retrospecto, adquirem certo sabor, uma vez que, daí a alguns anos, essa história virará efetivamente manchete do *Le Monde*, antes de ser reprisada pelos maiores canais de informação do planeta!

— Lançar uma operação de *lobbying* — prossegue Margaux — corresponde melhor a nosso trabalho. O *lobbying* só será possível se os elementos processados por nós forem pertinentes, confiáveis e inexoráveis em um processo. Quanto mais sexy for o dossiê, tanto maior será a vontade de lê-lo.

Margaux fica calada durante um momento e, em seguida, retorna ao que considera o ponto essencial, mesmo que tenha de ser um tanto intratável com seu interlocutor.

— Há algo que está me deixando constrangida nesta última meia hora — solta ela. — Se pretendemos ter certeza de que as coisas venham a acontecer, é preciso saber quem é quem, quem deseja o que e com que objetivo. Tenho a impressão de que, ao serem formuladas todas essas questões, o senhor franze as sobrancelhas dizendo: "Os senhores são comerciantes, etc."

— Não é com altivez que encaro as coisas — replica Al-Chidiack.

— Isso me chateia um pouco; a partir do momento em que sabemos com quem estamos lidando, deixamos de formular perguntas que já não têm nada a ver com o negócio — insiste Margaux. — Qual é o interesse de se ocultar atrás de um nome falso ou de se recusar a dar um número de telefone que permita entrar em contato com o senhor? Será que podemos rever essas condições que o senhor decidiu por sua própria conta, substituindo-as por condições de segurança que fossem também eficazes, garantindo-lhe uma confidencialidade em que viéssemos a participar? Podemos lhe garantir uma linha de telefone com toda a segurança, sem estar sob escuta, nem ser pirateada... Uma linha ou um celular totalmente *clean* e cuja proveniência tenha sido claramente definida e neutralizada pelos serviços de segurança. A segunda coisa seria examinar os procedimentos de segurança elementar... a maneira de encontrá-lo em caso de urgência.

— Não será possível trabalhar com encontros espaçados de seis meses — insiste Jean-Louis. — A colega é obstinada, e não deixa de ter razão.

— Não procuro ter razão, mas... precisamos alertá-lo se pressentirmos que a situação está complicada — continua Margaux. — Estamos falando de uma informação sensível, não podemos ser amadores, a questão é antecipar todos os casos fora da normalidade. Não se trata de desconfiar do senhor; aqui, estamos em um quarto de hotel e não corremos nenhum risco, mas pode acontecer de o senhor ser entrevistado por uma pessoa da segurança que tenha suspeitas a seu respeito.

— Cada um de nós tem seus *a priori* — desabafa Al-Chidiack. — Quanto a mim, se não há cadáver, não há culpado.

— Não é assim tão simples.

— Tenho tendência a ser teimoso — retruca Al-Chidiack.
— Ora, a proposição foi feita por mim. Entendo perfeitamente que os senhores venham a desistir porque correm riscos; mas não concebo que desistam porque é arriscado para mim.

— Não estamos em um conflito de interesses no qual um campo enfrenta outro — argumenta ainda Margaux. — A partir do momento em que estabelecemos esse tipo de relação, as duas partes ficam ligadas. Eliminamos todos os motivos para pôr em dúvida a confiança de um no outro e tentamos ser clarividentes. A base dessa colaboração é saber com quem estamos trabalhando, de maneira a sermos capazes de antecipar os riscos. Um deles seria dizer: a DNEF está em contato com um funcionário de tal banco, e isso vai despertar a atenção dos serviços de segurança bancária, e o troço se propaga muito mais rapidamente do que o senhor possa imaginar. Sob a for-

I – A espiã

ma de uma clandestinidade discreta, se não conhecemos sua identidade, o nome de seu superior hierárquico...
— Em suma, organizar um sistema profissional. Como profissional, o senhor sabe disso — lisonjeia Martini.
— Não somos detetives particulares — conclui Margaux.
— O objetivo da operação é fazer algo que seja semelhante a uma colaboração e não a uma improvisação. Os critérios do senhor são diferentes dos nossos, tenho a impressão de que estamos em um impasse.

À semelhança do que se passa no pôquer, a comportamentalista da DGSE abre o jogo. O interlocutor é renitente, responde sistematicamente de maneira imprecisa, alusiva. De forma primorosa, ele domina a arte da esquiva. Em matéria de peixe grande, Margaux tem a sensação de enfrentar um prestidigitador. É absolutamente necessário dissipar sua opacidade, convencê-lo a deixar o anonimato.

— Estamos em uma relação em que existem riscos associados a modos de funcionamento que se encontram na fronteira da legalidade — confirma Margaux. — O senhor recupera informações de maneira ilegal e vai transmiti-las a nós de maneira ilegal. Há um risco tanto para a instituição quanto para o senhor. Tal risco não está no fato de que um jornalista venha a entregar seu nome, mas na eventualidade de uma pessoa de suas relações fazer a associação entre determinados boatos, um artigo e o senhor. Essa ocorrência acaba por se propagar muito mais rapidamente do que se pode imaginar.
— Isso levaria a um fracasso total de nossa operação — intervém Martini. — Corresponderia a dizer que nossa instituição trabalha de maneira ilegal.

— É impossível assumir um compromisso em um terreno que se encontra na fronteira da legalidade sem conhecer a identidade da pessoa que está à nossa frente — acrescenta Margaux. — Posso lhe dar um último exemplo, Ruben: desconhecemos seu passado, assim como o lugar de seu nascimento. Se amanhã, por exemplo, descobrirmos que o senhor cometeu uma infração, ou que trabalhou com uma pessoa que é nossa conhecida — aliás, elementos clássicos em casos semelhantes a este, e, no seu entender, o que há de mais banal —, esses são elementos que permitirão a revisão desta nossa colaboração. O que estou dizendo é que, para começarmos de maneira *clean*, precisamos saber com certeza com quem estamos lidando.

Silêncio.

E permanece a expectativa em relação a uma resposta clara. Ruben Al-Chidiack não se desvia da linha de conduta que parece ter estabelecido para si mesmo. Ele permanece impávido, inabalável. Insondável.

— Acho que é hora do almoço — acaba por dizer Martini.

Assim, Margaux e os três homens — depois de uma hora e quarenta minutos de discussão quase estéril — deixam o quarto do hotel. Toca a campainha da movimentada série de televisão *24 Horas*[5]: é o celular de Jean-Patrick Martini.

---

5 Série americana focalizada na Unidade Contra o Terrorismo (UCT), liderada pelo personagem do agente Jack Bauer. Cada temporada de 24 episódios cobre 24 horas de um dia da vida de Bauer, o qual segue a filosofia de que "os fins justificam os meios". Um elemento recorrente é a corrida contra o relógio do protagonista, que tenta impedir múltiplas ameaças terroristas, incluindo ataques cibernéticos e conspirações que envolvem o governo e grandes empresas.

I – A espiã

Nesse exato momento, Margaux talvez esteja pensando que o agente especial Jack Bauer teria sido capaz de levar Ruben Al-Chidiack a se identificar. Mas os métodos dele são excessivamente diligentes para os serviços franceses.

O pequeno grupo dirige-se a um restaurante nas proximidades no qual uma mesa de quatro lugares foi reservada. Al-Chidiack vai ao banheiro. Os três funcionários não esperavam outra coisa. Podem então falar com toda a liberdade. O microfone continua ligado. Em breve, Martini irá retirá-lo, também no banheiro, entregando-o a um comparsa. Margaux e os dois colegas da DNEF estão de acordo no seguinte aspecto: após dois encontros, o problema ainda está por resolver.

Al-Chidiack permanece misterioso, distante, os meandros de seu cérebro continuam impenetráveis.

— Veja só — começa Martini, dirigindo-se a Jean-Louis —, mesmo que ele se recuse a se identificar, tanto faz, o essencial é que possamos recuperar o material. É evidente que ele tem uma fixação.

— Temos de acelerar o *process* — concorda Jean-Louis.

Margaux não compartilha dessa opinião. De modo algum.

— Merda, enquanto ignorarmos quem ele é, discordo de vocês, não se pode correr esse risco!
— Acho que vamos ficar na mão — protesta Martini. — Se ele nos der o banco de dados, eu em seguida...

Nesse dia, não haverá nenhuma entrega de dados. E Al--Chidiack, mantendo sua obstinação em avançar disfarçado, evitará também qualquer saída em campo aberto.

Margaux está chateada. Esse Al-Chidiack é ainda mais inflexível do que o previsto. Mas, de fato, a comportamentalista da DGSE não perdeu seu tempo. Por sua insistência, ela terá forçado a fonte potencial a evoluir. E, acima de tudo, ela foi capaz de discernir as motivações do interlocutor, mesmo que ainda desconheça muitas coisas a seu respeito. Ele parece estar animado por intenções realmente desinteressadas: essa é a impressão que a espiã transmitirá a seus superiores. Aliás, em um relatório interno — uma anotação "branca", ou seja, sem assinatura —, os agentes da DNEF resumem assim a situação, em 6 de janeiro de 2009: "Esse encontro permitiu não só circunscrever melhor a personalidade do informante, mas também tentar ver mais claramente, em suas motivações e sua iniciativa como 'cavaleiro andante', que pretende dar seu apoio à luta contra a fraude fiscal de que ele é testemunha."

Margaux terá permitido tudo isso: *in fine*, sua colaboração se revelará decisiva.

Martini, em depoimento aos gendarmes, em setembro de 2013, confirmará a extrema utilidade da intervenção de Margaux no decorrer dessa última entrevista com Al-Chidiack: "Por ocasião de nosso primeiro encontro, adotei uma atitude reservada e tive dificuldade em circunscrever sua personalidade. Na segunda vez, eu estava acompanhado por uma psicóloga e entendi que ele dispunha de informações importantes. Ficou claro que ele não queria dinheiro."

Al-Chidiack, por sua vez, deu-se conta, após essa segunda entrevista, de que não poderá se aferrar para sempre em suas posições, tão imprecisas. Nenhum serviço aceitará sua colaboração se ele permanecer dissimulado atrás de uma identidade fictícia. Margaux conseguiu convencê-lo: parado-

I – A espiã

xalmente, se quiser representar o "Zorro das finanças", ele deverá retirar a máscara.

Nesse dia 6 de dezembro de 2008, o processo é portanto desencadeado.

Em exatos dezoito dias, para a imensa satisfação de Margaux e dos dois comparsas da DNEF, Ruben Al-Chidiack deixará a penumbra e revelará seus segredos.

E sua verdadeira identidade.

Desde o começo de 2009, Margaux retornará à penumbra, espaço natural de um agente secreto. Tendo sido incumbida de outras missões no boulevard Mortier, ela não deixará de seguir as reviravoltas desse caso que tanto lhe deve. Depois de ter iniciado essa história, é frustrante para ela, evidentemente, estar impedida de acompanhá-la.

Mas isso faz parte de seu *job*.

Ela assumiu isso, além da incrível variedade de situações a desenredar. Em seguida, desaparece, tão logo ela tenha contribuído com suas preciosas competências.

De fato, nunca mais se ouviu falar a seu respeito.

Aliás, o contrário do que se passou com Ruben Al-Chidiack.

II

O técnico de informática

Clima bastante tenso no recinto da brigada de investigações da *gendarmerie* de Menton.[6] Um homem está sob custódia, no final da tarde desse 20 de janeiro de 2009. Ele enfrenta quatro investigadores. Pálido, cansado. Cabelos curtos, estatura média, aspecto de playboy no rescaldo de uma noitada em que tivesse enchido a cara. Ele enrosca-se na cadeira.

É evidente que sua situação seria mais agradável em qualquer outro lugar.

À sua frente, a procuradora Laurence Boillat, o delegado François Perrenoud e o inspetor Philippe Morard, todos eles de nacionalidade suíça. Eles aguardam. Agitados. Deslocaram-se de Berna e acalentam a expectativa de retornar a seu país com elementos concretos. Com efeito, sua missão é repatriar para território helvético certas listas realmente demasiado sensíveis para serem confiadas aos franceses — e, aliás, a quem quer que seja.

Mas eles permanecem calados.

Por razões jurídicas, o único investigador habilitado a formular questões é francês: no caso, a suboficial Patricia

---

6 Cidade litorânea francesa, na divisa com a Itália.

Warion. Que nada sabe do que se trama. Simples funcionária subalterna da *gendarmerie* local, ela acaba de se envolver em um caso de Estado.

— Por que razão o senhor utilizou o nome falso de Ruben Al-Chidiack? — pergunta a policial.
— Por discrição — responde seu interlocutor.
— O senhor possui atualmente um banco de dados obtidos no âmbito de sua atividade profissional no HSBC?
— ...
— Nos computadores processados pelo senhor encontram-se dados...
— ...
— Quem é a pessoa chamada Jean-Patrick Martini?
— Não quero responder

Esse homem, que guarda silêncio, chama-se Hervé Falciani. Vulgo Ruben Al-Chidiack. Um mês antes, ele estava negociando com os serviços secretos franceses a entrega da identidade de dezenas de milhares de potenciais sonegadores, incluídos nas listas de clientes do banco privado HSBC Private Bank, em Genebra. Sem jamais revelar sua identidade. Nesse momento, não lhe resta alternativa.

Passaram-se tantas coisas, durante essas últimas semanas...

Alguns dias para decidir sobre o percurso de uma vida. Para deslizar bruscamente do status de obscuro técnico de informática, paquerador de piscina e blefador no pôquer àquele mais chamativo, embora nitidamente mais perigoso, de vazador de dados [*lanceur d'alerte*], de ícone internacional e de ferrabrás das finanças globalizadas.

Destino incrível.

II – O técnico de informática

Tivemos a oportunidade de encontrar Hervé Falciani durante um tempo suficientemente longo e em várias circunstâncias. E, no entanto, somos incapazes de garantir que o conhecemos. Certo dia, no escritório de seu advogado, o Dr. William Bourdon, ele afirmou-nos sob juramento, com uma força de convicção desarmante, que não dava informações falsas. Nunca. Que sua iniciativa era sincera, do começo ao fim. Essa conversa ocorria pouco depois da revelação do SwissLeaks no *Le Monde*; nesse artigo, tínhamos desmontado com vários argumentos o mito Falciani. "Sei que vocês não acreditam na minha versão; aliás, vocês sempre me disseram isso. Nesse ponto, devo-lhes meu respeito e não sinto nenhuma ojeriza em relação a vocês; no entanto, um dia, acabarei por levá-los a mudar de opinião, esperem para ver, e serão obrigados a reconhecer o erro que cometeram", eis o que ele nos disse, em um tom ao mesmo tempo magnânimo e provocador.

Mas entre seus depoimentos, frequentemente incompreensíveis, sempre emaranhados, e seus atos — ou mesmo os testemunhos das pessoas à sua volta — verifica-se às vezes como que um abismo. Descrito perfeitamente pelo advogado Bourdon, no prefácio do livro de seu cliente.[7] Nessa obra, o técnico de informática relata suas aventuras; no entanto, ninguém pode certificar a total veracidade delas. Mas William Bourdon escreve estas poucas palavras: "Haverá quem diga que a trajetória de Hervé Falciani não tem mesmo cheiro de santidade. Mas, em relação a um cidadão que se dispôs a servir o interesse geral com tamanha bravura, que critério adotar para exigir dele uma "transparência" absoluta, negando a

---

7 Hervé Falciani, *Séisme sur la planète finance: Au Cœur du scandale HSBC* [Sismo no planeta finança: No âmago do escândalo HSBC], Paris, La Découverte, abril de 2015.

complexidade, inclusive as zonas de obscuridade, próprias de qualquer ser humano?"

Sim, temos de aceitar a complexidade e as zonas sombrias de Hervé Falciani.

Apesar disso, nada impede de levar em conta os fatos.

Os quais nunca mentem.

Sob custódia nessa terça-feira, 20 de janeiro de 2009, Hervé Falciani está portanto bastante chateado. O que poderá dizer acerca de seu contato com a DNEF? Ele tem receio da justiça suíça, com toda a razão, visto que ela lançou um mandado de prisão europeu contra ele. O Ministério Público da Confederação Helvética (MPC) está, por sua vez, em estado de alerta máximo no que se refere ao sistema bancário. Desde 29 de maio de 2008, Laurence Boillat investiga, na maior discrição, Hervé Falciani pelo fato de suspeitar que, desde essa data, ele tenha roubado listas internas do HSBC.

Em 22 de dezembro de 2008, por solicitação da procuradora Boillat, a justiça suíça procedeu à sua interpelação e, em seguida, deixou-o em liberdade, contando com sua cooperação. Infelizmente, no dia seguinte o suspeito já se encontrava, com a esposa e a filha, na França. No sul, mais precisamente em Castellar, vilarejo perto de Menton, onde os pais possuem uma residência. Em 9 de janeiro de 2009, a Suíça, tendo percebido sua mancada, solicita com urgência a colaboração mútua judicial da França. Ela pretende recuperar, seja a que preço for, os dados roubados. Na presunção de um tsunami que não será apenas financeiro. Avaliação perfeita.

Em 20 de janeiro de 2009, Falciani é então interpelado por ordem do Ministério Público de Nice, na sequência da solicitação emanada das autoridades judiciais helvéticas. Dois de

II – O técnico de informática

seus computadores e um caderno de anotações são apreendidos.

E ele próprio fica sob custódia.

Os investigadores suíços ignoram o que se passa, nos bastidores, do lado dos serviços secretos franceses. Alimentam suspeitas em relação a uma intensa atividade subterrânea, mas qual? Cada um avança seus peões... Divertido jogo de xadrez.

Ou melhor, de pôquer blefador, disciplina em que Falciani é um verdadeiro craque.

A DNEF não permanece inativa, o que equivaleria a desconhecer sua real capacidade de ação. E, sobretudo, a menosprezar a rede relacional entretecida pacientemente por seus dirigentes. De seu ponto de vista, essa custódia é extremamente preocupante. E se os suíços conseguirem retornar com todos os dados? E se, além disso, o papel desempenhado pelo fisco francês vier a ser conhecido? Uma perspectiva que apavora os responsáveis da DNEF porque o fracasso fiscal será duplicado por um escândalo político-diplomático. E, inevitavelmente, haverá demissões.

É preciso encontrar sempre um responsável.

À parte, nas instalações da *gendarmerie*, sem o conhecimento das autoridades helvéticas, Falciani teve tempo para confiar a um policial francês alguns episódios de sua história oficiosa e para revelar seus vínculos com Martini, o espião-chefe da DNEF. O gendarme transmite as informações imediatamente a Olivier Caracotch, procurador-adjunto do Ministério Público de Nice, o qual, desde as dezesseis horas desse dia 20 de janeiro de 2009, consegue entrar em contato com François Jean-Louis. O secretário-geral da DNEF confirma as declarações de Falciani, relatadas pelo policial, e dá instruções bem claras: não é, de modo algum, do interesse da

França fornecer aos três investigadores suíços as listas recuperadas junto a Falciani. Uma hora depois, a decisão tomada pelo Ministério Público de Nice é comunicada à DNEF: esses dados permanecerão na França.

De seu lado, para prevenir qualquer imprevisto, a DNEF alertou os chefões da *gendarmerie* francesa. No caso, o general David Galtier, que despacha em extrema urgência um coronel para Menton. Este último sonda o terreno. É preferível controlar a investigação judicial francesa.

Em uma anotação sem assinatura de 20 de janeiro de 2009, a DNEF diz o seguinte: "De acordo com esse coronel, os policiais helvéticos fizeram essa viagem sobretudo para 'avaliar os estragos'. O procurador-adjunto solicitou à *gendarmerie* de Menton que lhe entregasse o material apreendido e sob selo judicial; tal situação confirma que o magistrado não pretende fornecer esse material aos policiais suíços." O capitão Laurent Calbo, membro da direção geral da *gendarmerie*, é enviado também em busca de notícias. Ele dirige um e-mail ao capitão Jean Pawlak, baseado em Nice: "A DNEF ouviu dizer que os suíços questionaram o Ministério Público de Nice a respeito da DNEF, de suas atividades... Pode informar-se sobre o assunto?" Os espiões de Bercy estão decididos a permanecer na sombra.

O incêndio judicial é finalmente circunscrito. Com a cumplicidade extremamente ativa do procurador Éric de Montgolfier, em Nice, que pressentiu um *affair* de grande envergadura.

A justiça francesa terá a possibilidade de examinar minuciosamente os dados, tanto mais que os serviços técnicos da *gendarmerie* propuseram inclusive sua perícia. E, acima de tudo, a DNEF pode continuar seu trabalho com a maior discrição. Com efeito, como veremos, o fisco, bem antes da

II – O técnico de informática

justiça francesa, tinha conseguido deitar a mão nas famosas listas computadorizadas.

Falciani recebeu tratamento especial durante a noite passada sob custódia, nas instalações da *gendarmerie*. Uma cela VIP. Teve direito inclusive a *croissants*, na manhã de 21 de janeiro de 2009, acompanhados por esta mensagem: "Com os cumprimentos da DNEF." Ele se beneficia também da assistência jurídica gratuita de um advogado de Nice, recomendado pela DNEF: o Dr. Patrick Rizzo, o qual mantém relações estreitas com os serviços secretos, é conhecido de longa data de Martini e de Jean-Louis, cultiva laços de amizade com o general David Galtier, responsável pelos assuntos judiciais da *gendarmerie*, e, finalmente, se dá muito bem com o procurador Éric de Montgolfier. Como se vê, tudo é planejado do lado francês para frustrar as iniciativas suíças. Estão em jogo 180,6 bilhões de euros, detalhe, aliás, ainda ignorado pelas autoridades francesas.

Qual seria o motivo dessa profusão de atenções para com um especialista de informática um tanto maganão, ainda por cima tão pouco confiável em suas explicações?

Existe, é claro, uma boa razão. Trata-se da "Operação Chocolate". Ignora-se em que intelecto um tanto exausto germinou essa denominação evidentemente associada ao delicioso produto nacional suíço, mas uma coisa é certa: a Operação Chocolate, decretada no escalão mais elevado da administração pública, permitirá retirar 107 mil identidades de potenciais sonegadores ao sistema bancário helvético. Com efeito, até então, o fisco francês, como já foi dito, detinha apenas sete nomes de contribuintes desonestos fornecidos, em julho de 2008, por Falciani-Al-Chidiack.

Em 22 de dezembro de 2008, após a detenção do técnico de informática pela justiça suíça, ocorre uma reviravolta.

Erro grosseiro dos investigadores helvéticos, na época, demasiado ingênuos: o indivíduo é liberado mediante a promessa de honrar uma próxima convocação. Na sequência, ele aluga um veículo na agência Mobility de Genebra e atravessa a fronteira. Deixa o carro no aeroporto de Nice. Dois dias mais tarde, em 24 de dezembro de 2008, agora refugiado na França, ele usa o telefone da mãe para entrar em contato com Martini. Às 9h52. E, nesse momento, revela finalmente sua verdadeira identidade. Hervé Falciani. Nascido em 9 de janeiro de 1972, de nacionalidade franco-italiana. Ele afirma que aceita, sem condições, entregar seus dados valiosos ao fisco francês.

Inesperado presente de Natal para a França.

É marcado um encontro. Dois dias depois, em 26 de dezembro, a entrega é feita no aeroporto de Nice.

Nesse dia, cinco DVDs trocam de mãos. Uma equipe da DNEF deslocou-se especialmente de Paris. O encontro é filmado: procede-se à requisição das câmeras de vigilância do aeroporto. Trata-se de autentificar a entrega dos documentos. De imediato, a DNEF põe em movimento seu dispositivo. Um quarto de hotel é alugado em Nice. Atmosfera curiosa na Promenade des Anglais, o calçadão de Nice: os agentes driblam misteriosas operações de espionagem; chegam inclusive a ser perseguidos pela polícia municipal... Alguns técnicos de informática da DNEF viajam para a Côte d'Azur, trabalhando dia e noite com Falciani para decodificar os dados. Ele promete fornecer-lhes dois DVDs contendo ferramentas informáticas eficazes, a fim de avançarem ainda mais rapidamente nesse laborioso trabalho de reconstituição. Aparecem os primeiros nomes de personalidades, sonegadores supostos ou comprovados, estimulando a imaginação dos in-

II – O técnico de informática

vestigadores: o tenista Henri Leconte; os jogadores de futebol campeões do mundo Christian Karembeu e Christophe Dugarry; as grandes famílias com sobrenomes prestigiosos...

Nesse estágio, é claro, nada permite afirmar que essas pessoas tenham tentado efetivamente fraudar o fisco. Sem contar que não se pode excluir uma manipulação, uma eventual falsificação das listas...

Thibaut Lestrade é um dos peritos contratados pela DNEF para analisar as listas de Falciani. No outono de 2013, ele relatou sua intervenção ao juiz Renaud Van Ruymbeke: "Tentei entender melhor as informações, efetuar um verdadeiro trabalho na área da informática. A ajuda de Falciani se revelou bastante útil, porque os dados eram muito complexos. Foi necessário compreender os códigos, tratava-se de um trabalho de formiga. Acho que os dados foram obtidos de maneira bruta, de tal modo que se tem tudo. Não sei como ele coletou essas informações. Não bastava pressionar um botão [...]."

Não, Lestrade tem razão, não bastava pressionar um botão, tratava-se de algo muito mais complicado do que isso. À medida de um Falciani, pessoa complexa e múltipla, mais ou menos tão indecifrável quanto seus dados...

De qualquer modo, um oportunista dos diabos.

Eis sua história. E, portanto, a das listas.

Nada predestinava Hervé Falciani a encontrar-se assim sob custódia, em janeiro de 2009, entalado entre os serviços secretos franceses, a justiça suíça e as autoridades políticas dos dois países. Ele nada é, ou é muito pouco, em suas origens. Mãe cabeleireira. Pai, italiano, funcionário de banco. Falciani filho é, já, jogador na alma. Com vinte anos apenas, trabalha em um cassino, na área de segurança. Em Monte Carlo. Há lugar pior para se iniciar na vida. Aqueles que convivem com ele na época, sejam homens ou mulheres, descrevem-no como um tipo simpático, fanfarrão engraçado, dotado de físico invejável.

Ele convive com os caras da Côte, com alguns ex-tiras e também cafajestes convertidos. Em suma, essa fauna que passa seu tempo nos cassinos. Tem queda para a informática. Na verdade, ele domina perfeitamente os arcanos das linguagens tecnológicas, aliás, exprime-se em parte desse jeito. Discurso absconso, inteligência conceitual, raciocínios ardilosos... Ele amplia o número de suas relações, aperfeiçoa seu domínio da linguagem informática de tal modo que é contratado pela filial monegasca do HSBC. Nessa agência, desde 2001, Falciani intervém no "Content Manager", um módulo IBM, que centraliza todos os documentos relacionados com a clientela. Em seguida, é alocado na implantação do Customer Relationship Management (CRM), verdadeira interface entre o cliente e o gerente de conta, assim como memória informática das operações associadas às contas. Falciani é "alguém extremamente técnico, sempre na vanguarda das novidades", de acordo com a lembrança de sua chefe, Brigitte Vignon.

De fato, Falciani, cujas competências não deixaram de chamar a atenção de seus empregadores, é contratado em 14 de março de 2006 pelo HSBC PB, em Genebra, no qual já trabalhava episodicamente desde outubro de 2005. O ex-crupiê entedia-se um tanto nessa cidade. Casado em segundas núpcias, pai de uma menina, e à beira de outro divórcio, ele vai encontrar diversão às margens do lago Léman. Na piscina do bairro Carouge, seu charme destroça corações. Sua lábia também. Ele acaba convencendo, por exemplo, uma fascinante jovem, Doina, de que está separado da mulher e cuida sozinho da filha, autista — de fato, a menina nasceu com

II – O técnico de informática

uma deficiência. Há também Myriam, estudante de filosofia, que ele "fisgou" por ocasião de um torneio de pôquer. De novo nesse caso, ela tem direito a uma versão bastante romanceada da vida do Don Juan franco-italiano. Com efeito, ele parece compartimentar sua vida privada à semelhança do que teria feito um espião... Em depoimento aos investigadores suíços, essas mulheres, conscientes de terem se deixado levar pela sua conversa, qualificarão claramente Falciani como "manipulador".

Manipulador e sedutor incorrigível.

Efetivamente, nessa época, ele vive também um idílio com Georgina Mikhael, uma franco-libanesa de 31 anos, funcionária igualmente do HSBC PB. Uma morena baixinha com um sorriso devastador. Por sua vez, ela não consegue resistir ao charme de Falciani, em dezembro de 2006. Ao redor de uma mesa de pôquer, é claro. As mulheres. As cartas. Uma dupla adicção que chama a atenção dos colegas. "Hervé Falciani tinha uma bulimia de relações femininas dentro do banco", relata Roland Vezza, gerente executivo dessa agência.

No entanto, é a esse homem, viciado em jogo, mentiroso e instável no plano sentimental, que um dos mais poderosos bancos mundiais privados vai confiar seus dados confidenciais. Sim, a esse personagem conturbado foram entregues as chaves da sala dos cofres virtuais. Enfim, digamos que suas condições profissionais lhe permitiram chegar aí... De fato, enquanto simples "analista", Hervé Falciani não tinha, em teoria, acesso às informações relativas aos clientes do HSBC.

Ele desempenhava o papel de "bombeiro", de acordo com o colega Florent Donini: "Hervé estava encarregado, sozinho, da construção do banco de dados CRM." Uma imensa responsabilidade.

Um trabalho fastidioso, maçante: trata-se de transferir os dados do antigo sistema informático (SIFIC), no qual estão recenseados todos os detalhes relacionados com os clientes do HSBC, para o novo instrumento, esse famoso CRM.

É nesse momento, no decorrer de 2006, que Falciani teria detectado uma falha no sistema informático, na sequência de um incidente durante o qual as listas do HSBC já não estariam protegidas pela criptografia.

"Todas as migrações ocorrem no fim de semana. E a primeira parte da migração efetuou-se em 2006", segundo Jean-Claude Brodard, diretor da logística do banco. E ele acrescenta:

"É possível extrair dados a partir do CRM a fim de exportá-los para uma ferramenta do tipo Excel." Observação confirmada por Florent Donini: "Hervé viu dados de produção não codificados, o procedimento dura de quatro a cinco horas, assistimos ao desfilar dos dados, podemos fazer cópias de tela." Para os investigadores, foi realmente nesse momento que Falciani teve acesso a todos os dados do banco.

Jérôme Charlot, diretor de projetos no HSBC, explica: "Falciani nunca terminava o trabalho. Eu não o considerava um verdadeiro profissional. Ele gostava da informática pela informática." Quanto aos famosos dados, "ele deveria suprimi-los no termo da integração". É claro que foi o contrário que se produziu. Para Jérôme Charlot, "o fato de deixar anônima a planilha 'pessoas' teria deixado, talvez, de funcionar corretamente no momento da transferência entre a produção e a gravação, e Hervé conseguiu então baixar essa planilha a partir de seu ambiente de teste". Roland Vezza, por sua vez, garante que "Falciani era, do ponto de vista técnico, relativamente brilhante; mas, do ponto de vista humano, era manipulador". Ou até "mitomaníaco", acrescenta ele.

II – O técnico de informática

Enfarado, tendo em vista o cargo que ocupa... Sobretudo pelo fato de que se sente cada vez menos realizado em seu trabalho. Falciani ficou contrariado ao constatar que o banco tinha optado por um modelo de CRM diferente daquele que ele preconizava: "reagiu bastante mal", isso era o seu "bebê", confirma Brigitte Vignon, responsável pelas operações. Para complicar ainda mais a situação, eis que lhe é recusado, em seguida, um posto na segurança...

Em 15 de dezembro de 2014, nas colunas do *Le Monde*, Hervé Falciani fornecerá uma versão diferente. Mostrando-se, fiel a seu costume, extremamente vago sobre o processo de recuperação dos arquivos com a lista dos clientes. "De fato, roubei dados", admite. Mas é para garantir de imediato que, desde o princípio, obedece apenas a motivações éticas, e para afirmar sob juramento, contra toda a verossimilhança, que se beneficiou de cumplicidades no serviço: "Meu cargo não me permitia ter acesso a dados operacionais, mas eu trabalhava em todos os projetos sensíveis, em contato com as pessoas do banco, elas me diziam: "Sabe, está acontecendo isso", foi assim que consegui ter acesso a esses dados, por esses intermediários. Depois de terem dado sua ajuda, a maior parte deles saiu de fininho. Cada qual coloca à disposição seus dados em uma *cloud*, e vou me certificar de que há uma coerência."

Em seu livro, Falciani vai além: "Não competia a mim coletar os dados no arquivo do banco, nem salvá-los em uma *cloud*, mas a outros funcionários do HSBC."

Eis o que é importante.

Daqui em diante, Falciani refugia-se portanto atrás da existência de uma "rede". Essa suposta organização é que o teria recrutado, desde sua entrada no HSBC, antes de piratear os dados! Se lhe dermos crédito, eles seriam assim "uma dezena em atividade no interior do banco". Sem contar aqueles que operam no exterior: "Alguns jornalistas [...], policiais, aduaneiros..."

E um serviço secreto, *a priori* a CIA, é que teria posto tudo isso em movimento...

Em seu livro, Falciani não se abstém, por uma questão de equidade, de relatar alguns episódios no mínimo rocambolescos a respeito dos quais, é claro, ninguém — por falta, em todos os casos, de testemunhas — pode garantir que algum dia ocorreram: por exemplo, o "verdadeiro-falso" sequestro organizado por seus amigos da misteriosa "rede", ou os comprimidos envenenados que esses colegas lhe teriam confiado, a fim de "ingeri-los em situações eventualmente demasiado perigosas"...

Tal leitura do caso deixa qualquer um — trata-se de um eufemismo — cético.

A justiça suíça, decidida a fazer Falciani comparecer diante de um tribunal federal, também é minada pelo ceticismo. A Confederação Helvética certamente tem interesse em desacreditar o técnico de informática. E no entanto, nesse aspecto, ela apoia-se em numerosos elementos factuais incontestáveis. Por exemplo, as declarações contraditórias de Falciani. Diante dos gendarmes franceses, em janeiro de 2009, Falciani vai assim garantir que seus dados foram obtidos por "*data web mining* e por intermédio de *backup* que tinha feito no âmbito de sua estrita atividade profissional". Não há, nesse momento, nenhuma referência a eventuais cúmplices, tampouco a motivações deontológicas.

Única certeza: no início do ano de 2008, Falciani detém milhões de dados supersensíveis. E se pergunta como utili-

II – O técnico de informática

zá-los. Como é de domínio público, ao endossar atualmente o prestigioso papel de vazador de dados, Falciani proclama ter agido de maneira totalmente desinteressada desde o começo. Teria sido um idealista puro, determinado a revelar as malversações de um gigante bancário. Sem dúvida, isso hoje corresponde à verdade. Mas, com toda a evidência, nem sempre foi assim.

Convém desconfiar sempre das mulheres que se sentem lesadas. É Georgina Mikhael quem, diante dos investigadores suíços, em 22 de dezembro de 2008, dedura: "Pouco tempo depois do início de nosso relacionamento, Hervé Falciani me disse que possuía um banco de dados que pretendia rentabilizar, a fim de dispor de dinheiro para dar à esposa por ocasião de um futuro divórcio [...]. Ele chegou a proferir ameaças contra mim e minha família se eu falasse a alguém da história dos dados."

Nesse final do ano de 2008, a dupla Falciani-Mikhael já tinha trocado farpas. As mensagens por SMS e no Skype, apreendidas no âmbito do inquérito, lembram que, no início da aventura, eles perseguiam realmente o mesmo objetivo: fazer frutificar a incrível descoberta do técnico de informática.

"Vc pescou?", pergunta-lhe, em março de 2007, a jovem que adota o nome Palomino. Ela pretende saber se ele afanou novos dados. "Três meses de *update* para *address, person*", responde Falciani, em seu jargão bem pessoal. "E vc não foi pego?", inquieta-se Mikhael. "Falta por enquanto *accounts* [contas]", replica simplesmente o técnico de informática. "Tenha cuidado, baby", adverte-o a franco-libanesa.

Ela tem razão. O casal vai penetrar em um terreno bastante movediço. A ideia, se dermos crédito a Georgina, é obter a maior quantidade possível de dinheiro a partir das listas roubadas ao banco. Resta encontrar os compradores... Em junho de 2007, eles efetuam a primeira tentativa, de acordo com o relato publicado, em 15 de fevereiro de 2015, no jornal suíço *Le Matin*: "Em 17 de junho os dois amantes tentam vender, pela primeira vez, seu butim. Georgina envia um e--mail para Yaser Bakr, diretor da Direct Marketings Services, em Jidda, Arábia Saudita. A partir do endereço whitepalomino@hotmail.com, ela propõe ao saudita os dados financeiros de clientes classificados por país. E fixa um preço: mil dólares por cliente. Mesmo que se limitasse às informações relativas aos 812 sauditas constando em sua oferta, Bakr teria de desembolsar cerca de 1 milhão de dólares."

Mas o saudita não dá sequência à proposta. O casal não desiste e, no início de 2008, decide tomar o rumo do Líbano. A dupla permanece nesse país de 2 a 9 de fevereiro desse ano. "Ir ao Líbano vai permitir que eu solicite um sistema de alertas", declara agora Falciani.

Estranho.

Não teria sido mais simples, se a questão era denunciar as atividades suspeitas do HSBC, dirigir-se diretamente à justiça suíça? Falciani afirma, além disso, ter alertado os superiores hierárquicos. Mas nenhum responsável do banco chegou a memorizar tal informação...

Já em Beirute, o casal, tentando minimizar os riscos, bola um estratagema: Hervé Falciani utilizará um nome falso.

Ele irá chamar-se Ruben Al-Chidiack. Georgina chega inclusive a registrar, em Hong Kong, a empresa Palorva (de "PALOmino", seu cavalo-talismã, "heRVé" e "georginA"). Um portal na internet — palorva.com — é criado e cartões de visita são impressos em nome de Georgina Mikhael, que mantém seu nome verdadeiro.

II – O técnico de informática

Falciani, por sua vez, faz questão de permanecer no anonimato. Ele dissimula-se sob a aparência do responsável comercial da empresa Palorva junto aos quatro bancos contatados em Beirute, entre os quais figuram o Byblos Bank e o Société générale.

O irmão, Philippe Falciani, fica a par, de modo confidencial, dessa operação; Hervé procura embromá-lo com um obscuro "*data project*". Em depoimento aos investigadores, Philippe Falciani resumirá sem rodeios o objetivo do irmão: "Ele pretendia ganhar dinheiro com seu projeto."

Em cada encontro, Falciani reproduz o mesmo procedimento. Ele apresenta seu cartão de visita falso e, em seguida, desfila na tela de seu MacBook a lista de clientes do HSBC de Genebra, sob o olhar baratinado do banqueiro que está à sua frente. "O banco interessado deveria pagar uma quantia que ignoro para a compra do banco de dados", de acordo com o depoimento de Georgina Mikhael, em dezembro de 2008. Para justificar a posse dessas informações, "Hervé falava de intercepção de faxes", explica a jovem. Telecópias interceptadas supostamente na "*deep web*"...

Questionada outra vez, em 2010, ela irá reiterar suas acusações: "Hervé Falciani mostrava aos bancos uma lista enorme de perfis de clientes com nomes criptografados." E tudo isso, portanto, com um só objetivo: "Vender esse produto e fazer *business*."

Contestada por Hervé Falciani, a versão de Georgina Mikhael foi totalmente corroborada pelos investigadores, que se apoiam sobretudo nos depoimentos convergentes dos banqueiros libaneses. Jacques Aouad, do BNP Paribas em Beirute, lembra-se, assim, de "duas pessoas que tinham marcado encontro" e perguntado se seu "estabelecimento estava interessado em adquirir informações confidenciais". Samira Harb, do banco Audi, recebeu também o casal, precisamente no dia 4 de fevereiro de 2008. Ela recorda-se muito bem de Al--Chidiack: "Ele havia me dito que tinha listas para me vender [...]. Elas continham nomes e endereços [...], números de contas e extratos. De acordo com sua explicação, ele detinha esses dados com a interceptação de faxes."

Azar para a dupla: Samira Harb é originária de Saint-Gall, na Suíça, e detecta imediatamente o lado inverossímil da história contada por Falciani. Faxes interceptados na *deep web*... Essa mulher de 47 anos, com bastante experiência, fica com a pulga atrás da orelha... Após refletir, ela decidirá alertar a Association suisse des banquiers [Associação Suíça dos Banqueiros] para o fato de que um tal Ruben Al-Chidiack está tentando fazer dinheiro com arquivos roubados em Genebra...

Isso parece evidente: o cenário defendido por Falciani é insustentável. O técnico de informática é tanto menos confiável que suas afirmações se modificam, oscilam, contradizem-se... Em 20 de janeiro de 2009, como vimos, ele explica aos gendarmes franceses que tinha "o projeto de realizar um software de *data mining* [...]. Para criar esse programa, eu precisava de um financiamento".

Daí essa viagem ao Líbano.

Em seguida, ao juiz Renaud Van Ruymbeke, ele faz a seguinte declaração em julho de 2013: "Meu único objetivo era desencadear um alerta em um banco libanês, filial de um banco suíço, a fim de levá-lo a repercutir tal alerta ao Ministério Público federal suíço [...] para acabar com a opacidade organizada no HSBC." Eis já duas versões. Ambas incompatíveis com a de Georgina Mikhael, a dos banqueiros libaneses, assim como a dos investigadores suíços e franceses...

II – O técnico de informática

Mesmo que, por uma questão de orgulho, ele se recuse a reconhecê-lo, parece não haver nenhuma dúvida de que Hervé Falciani tentou realmente — pelo menos, no início — rentabilizar seu tesouro. Mas parece também evidente que, depois dessa viagem ao Líbano, um fiasco total, ele compreendeu que seria difícil vender seus dados.

O salteador da informática vai transformar-se em discreto informante e, em seguida, em autêntico vazador de dados.

Ao modificar sua estratégia no retorno de Beirute, Falciani começa efetivamente a enviar mensagens instigantes aos serviços secretos britânicos e alemães. Por exemplo, este e-mail remetido em 18 de março de 2008 para sosfa-action@fco.gov.uk, endereço de uma agência estatal inglesa: "Tenho a lista completa dos clientes de um dos cinco maiores bancos privados [...]. Esse banco está instalado na Suíça [...]. Garanto também o acesso ao sistema informático" (ver Anexo 2).

Convém ter em mente o contexto: um funcionário do banco Liechtenstein Global Trust (LGT), em Liechtenstein, acaba de revender ao fisco alemão, por 5 milhões de euros, uma lista de sonegadores, cujos ativos são muito mais modestos do que os do material proposto por Falciani. Os próprios serviços fiscais britânicos compraram a lista, antes de transmitirem aos homólogos franceses várias centenas de nomes de contribuintes, discretos proprietários de fundações, sistema instituído pelo LGT.

Ao dirigir-se aos serviços alemães, Hervé Falciani acalentava apenas a expectativa de aliviar sua consciência, de acordo com sua postura atual, ou pretendia obter uma compensação financeira? As duas coisas, talvez...

De qualquer modo, e embora não se trate provavelmente de sua iniciativa, um de seus objetivos (declarado) de início — a saber, alertar as autoridades suíças — é alcançado em 20 de março de 2008. É nesse dia que a diretora do banco Audi de Beirute adverte a Association suisse des banquiers para a estranha mutreta a que se dedica um indivíduo chamado Ruben Al-Chidiack.

Tudo então vai se acelerar.

Falciani pôs em movimento um mecanismo infernal, desencadeando uma grande quantidade de peripécias com consequências imprevisíveis; mesmo que tenha simulado, mais tarde, assumir o papel de organizador, ele acabou perdendo o controle total de todos esses acontecimentos. Mas não está sozinho. As próprias autoridades helvéticas vão disseminar, involuntariamente, os germes de um escândalo que elas teriam preferido evitar...

Em 29 de maio de 2008, o MPC instaura um processo. Afirmar que o inquérito é levado a sério estaria bem longe da realidade: ele é decretado, muito simplesmente, prioridade nacional!

Desvelar o sigilo bancário, na Suíça, é cometer um atentado contra a segurança do Estado.

Escutas são acionadas imediatamente, permitindo descobrir que Georgina Mikhael está em contato permanente com um tal Hervé Falciani, assalariado como ela do HSBC Private Bank, em Genebra. Entre 23 de fevereiro e 30 de julho de 2008, a srta. Mikhael esteve em contato mais de quinhentas vezes com o número de celular atribuído ao colega. Os investigadores suíços esfregam as mãos de contentamento: o principal suspeito foi rapidamente identificado, eles terão a possibilidade de recuperar os dados que ele roubou. Resta simplesmente consolidar a ação judicial antes de pegar os dois cafajestes.

Mas, em 17 de dezembro de 2008, instala-se o pânico: eles descobrem, sempre mediante as escutas telefônicas, que

II – O técnico de informática

Georgina Mikhael está prestes a se mudar. Ela tem a intenção de entregar o apartamento no dia 26 de dezembro. Terá ficado sabendo de alguma coisa? De qualquer modo, está fora de questão correr o risco de deixá-la sair do território: a moça é interpelada em 22 de dezembro. Desde o primeiro interrogatório, ela dedura Falciani. Os escritórios dos dois funcionários do HSBC são objeto de uma busca, enquanto os investigadores helvéticos submetem Falciani a um primeiro e breve interrogatório. Que será também o último. Falciani nega qualquer irregularidade. E, sobretudo, consegue convencer os policiais e a procuradora federal, Laurence Boillat, de que tem de voltar para casa na noite desse 22 de dezembro. Era só o que faltava, deixar sozinha a filha, autista, logo antes do Natal... Laurence Boillat permite que ele vá embora, com a condição de se apresentar na sede da polícia local na manhã do dia seguinte, 23 de dezembro, às 9h30.

Já conhecemos a sequência dos acontecimentos.

Tanto a justiça quanto a polícia suíças nunca mais voltarão a encontrar Hervé Falciani, o qual adentra a noite genebrina, em sua patinete, com o intuito de dirigir-se, pela última vez, a sua casa e, sem interromper sua corrida, refugiar-se na França...

O jogador de pôquer conseguiu o melhor blefe de sua carreira. Por um triz, evitou a detenção e, em seguida, o encarceramento na Suíça. Ele chegará inclusive, graças à intervenção de Bercy, a ser contratado por um organismo parapúblico, o Institut national de recherches en informatique et automatismes [Instituto Nacional de Pesquisas em Informática e Automatismos] (INRIA).

Hervé Falciani atingiu, finalmente, seu objetivo e efetuou sua mutação.

Ele conseguiu reinventar um destino. Seu valor não se equipara, com certeza, ao de um Edward Snowden, outro técnico de informática, refugiado atualmente na Rússia, que denunciou as operações ignóbeis da National Security Agency (NSA). O qual nada tinha a ganhar, além de um monte de problemas. Enquanto cidadão norte-americano, ele sabia que a justiça de seu país acabaria por acuá-lo sem tréguas pelo fato de ter revelado ao jornal inglês *The Guardian* os procedimentos condenáveis da agência de contraespionagem dos Estados Unidos.

Falciani, por sua vez, tem fundamentalmente um temperamento bastante latino, sem solução de continuidade, como é comprovado ao longo de todo o seu percurso. Ele é reservado e trocista, prestativo e imprevisível... Um oximoro por si só. Roubou dados privados, tentou revendê-los, serviu-se da manipulação, mentiu, trapaceou, pôs-se em fuga, denunciou, fez revelações, aceitou cooperar... Trata-se de um ser múltiplo e, mesmo após dezenas de horas de entrevistas com ele, a tentativa de circunscrevê-lo configura-se como um desafio difícil de superar. Ao comparecer diante da justiça espanhola, na primavera de 2013, exibia de forma insolente perucas, óculos de fantasia e outros itens postiços, como se a camuflagem fosse, para ele, uma segunda natureza.

De fato, ninguém conhece sua verdadeira face — sem dúvida, por ele dispor de um grande número de facetas.

Ele vive como se fosse um exilado permanente. E flerta agora com partidos de nova extrema esquerda, na Espanha. Às vezes, saca seu notebook, do qual nunca se separa, e exibe esquemas, arborescências. Não se compreende grande coisa disso... Em seguida, ele vai embora — sempre com esse sorriso enigmático nos lábios, aureolado por uma

II – O técnico de informática

espécie de aparente mansidão —, encarapitado em um par de patins.

Desde que seu nome ganhou as manchetes, ele virou uma celebridade, colaborando com vários magistrados europeus, percorrendo estúdios de TV, multiplicando as entrevistas com jornalistas do mundo inteiro. Exibindo-se de forma muito comovente e distante no *talk show* de grande audiência *On n'est pas couché*, transmitido no sábado à noite pelo canal France 2. *So french*. Tornou-se O vazador de dados francês por excelência. Sua fleuma não passa de aparência.

Ele deixou de ter vida privada.

Afirma assinar o ponto, agora, no Centro de Apoio ao Trabalhador. E esperar a hipotética criação de um verdadeiro status de vazador de dados. Ele escreveu um livro engraçado, no qual revisita sua própria história, relatada de maneira mais romanceada do que romanesca...

Afinal de contas, qual é a importância de suas motivações? Ele pretendia ser alguém que solapa os alicerces do sistema — como tinha deixado entender a Margaux, Martini e companhia — no momento em que não passava de um desconhecido chamado Al-Chidiack. E foi bem-sucedido. Atualmente, recuperou seu verdadeiro nome.

E suas listas servem-lhe de passaporte. De salvo-conduto.

Aliás, tornaram-se objeto de negociata em várias partes do mundo.

Um combate mortal, tanto político quanto diplomático.

Algumas pessoas comprometeram sua reputação nessa luta, enquanto outras perderam o emprego. Sacrificadas no altar do deus Mamon.

Falciani continuará sendo, talvez para sempre, a presa mais bem-sucedida da DNEF. Aquele, também, que está na origem — de maneira bastante involuntária — da queda de um funcionário de alto escalão do Estado. Com efeito, seus dados tiveram de ser realmente coletados, transformados, editados. E a DNEF é que tomou isso a peito.

Teria sido possível deixar em liberdade não vigiada um indivíduo como Veillepeau, chefão da DNEF, conhecido por seu caráter intratável, o tipo de sujeito que demonstra zelo excessivo?

Não, evidentemente. De modo algum, na França.

III

O funcionário do fisco

Isso não lhe acontece frequentemente. Mas, nessa primavera de 2009, Roland Veillepeau acabou por tirar alguns dias de folga, aproveitando-se das férias de Páscoa. Grande viajante, apaixonado pelas civilizações, ele foi para a China com a esposa. Quanto aos filhos, já crescidos, cada um segue sua própria vida.

Durante a viagem, ele chama facilmente a atenção. Ombros largos de camponês da Mayenne[8], cabelos grisalhos bem curtos. Mãos enormes. O abdômen proeminente revela o apreço pela boa mesa. Um olhar penetrante, inquisitivo.

Nessas regiões remotas, seu celular não funciona muito bem. Nada a fazer.

O início do ano na DNEF, da qual ele é o diretor, foi bastante tumultuado. Ele lançou a Operação Chocolate. Os dados de Falciani, depois de terem sido recuperados, foram decodificados e, finalmente, legalizados. Por seu intermédio, a França decerto vai reaver alguns bilhões que tinham se evaporado pelos lados do lago Léman...

---

8 Região de bosques no oeste da França, cuja economia apoia-se na pecuária.

Boa ação, ele pode relaxar.

No retorno de um passeio, seu celular passa a funcionar. Dezenas de mensagens na caixa postal. Estranho. Ele liga para o superior hierárquico, em Bercy, o diretor dos "RH".

Breve conversação. "Você será nomeado para Melun[9], conservador das hipotecas. Sinto muito. Cumpro ordens."

É isso. Nada mais que uma ligação telefônica. Veillepeau é despachado.

Durante o trajeto de volta, entre Pequim e Roissy, ele dispõe de todo o tempo do mundo para refletir, matutar, cismar acerca dessa ordem. O que terá acontecido? A quem terá descontentado? Que outra mancada terá cometido? Está longe de ser um chefe amável; inclusive, suas reações bruscas são detestadas pelos sindicatos, em particular a CGT. E maníaco pelo sigilo, além de ter uma propensão a ficar grudado nos colaboradores mais próximos — Martini e Jean-Louis, com os quais não se recusa a compartilhar algumas farras pantagruélicas —, o que constitui motivo de irritação para seus chefes. Ele carece realmente das maneiras de proceder de Bercy.

Trata-se de um auditor fiscal à moda antiga, um atirador de elite.

Ocorre que, ao ser nomeado diretor da DNEF, o indivíduo acaba permanecendo no cargo por pelo menos cinco anos. Esse é o costume, uma regra não escrita. Ora, no momento, ele ocupa seu posto há um ano e meio! Então, nessa aeronave, à força de dar tratos à bola, ele só consegue encontrar uma explicação.

A Operação Chocolate causou estrago nos altos escalões. Para dizer a verdade, Veillepeau não está de fato surpreso.

---

9 Pequena cidade às margens do Sena, a sudeste de Paris.

III – O funcionário do fisco

Em última análise, os contratempos deveriam ter surgido, inclusive anteriormente.

E ele começa a rememorar os acontecimentos.

Vinte e oito de dezembro de 2007. Sua nomeação como diretor da DNEF. Uma excelente ferramenta. Três direções inter-regionais, oito adjuntos sob suas ordens. O ponto culminante de uma carreira. Veillepeau transpôs metodicamente os diferentes escalões. Todos. Ele tem 58 anos e dirige 420 pessoas. Seu macete, sua ideia fixa, é a auditoria fiscal. Desde sempre.

Ele começou como inspetor. Tornou-se rapidamente chefe de diferentes serviços. Acabou chamando a atenção por sua diligência.

A tal ponto que, em 1993, é enviado para Londres, como adido fiscal. Na capital britânica, especializa-se na perseguição dos exilados fiscais, tendo orientado suas investigações, em particular, para as ilhas anglo-normandas, como Jersey ou a ilha de Man. No decorrer dessa estada de cinco anos é que ele aprende a dominar o idioma inglês, mesmo tendo mantido um acentuado sotaque *frenchy*, e, sobretudo, trava conhecimento com outro investigador, tarimbado, de nacionalidade inglesa. Um amigo com o qual frequenta os melhores restaurantes de Londres e que, alguns anos depois, lhe será bastante útil...

Tendo retornado à França, ele passa por várias diretorias regionais. Entra em atrito com alguns colegas. Até o dia em que é convocado a apresentar-se no escritório de Bruno Parent, na época diretor-geral dos impostos, em plena preparação da fusão com a Direção Geral da Contabilidade Pública. Sua proposta é confiar-lhe a diretoria da DNEF. Com esta advertência: "O senhor estará sentado em cima de um barril de nitroglicerina..." Com efeito, cabe à DNEF obter informações sigilosas relacionadas com o fisco, detectar os mecanismos de fraude e empreender toda espécie de inquéritos que visam as auditorias. Ela pode inclusive organizar buscas, na presença de agentes da polícia judiciária.

Seus membros são os espiões de Bercy.

Evidentemente, Veillepeau aceita enfrentar tal desafio. Esse cargo é irrecusável. Aliás, corresponde exatamente a seu desejo a oportunidade de pôr em prática suas aspirações. Desde sua chegada em Pantin, nas instalações da DNEF, à sombra do *périphérique*[10] parisiense, ele opta por uma estratégia. Sabendo que deverá responder a solicitações individuais, muitas vezes de natureza política, emanando do poder público, ele exige de imediato que essas instruções sejam escritas. De forma bastante surpreendente, cessam rapidamente tais intervenções...

Veillepeau delimitou seu território. É tempo de meter mãos à obra.

Em abril de 2008, o amigo britânico dá sinais de vida. O companheiro das noitadas de Londres foi o destinatário de um esquisito e-mail enviado por um certo Ruben Al-Chidiack. Nesse momento, ele era funcionário do National Criminal Intelligence Service (NCIS). Esse organismo, dependente diretamente do 10 Downing Street, produz informações sigilosas sobre as organizações criminosas que visam atacar os interesses da Grã-Bretanha. A mensagem foi transmitida, portanto, logicamente ao NCIS, visto que esse tal Al-Chidiack promete entregar os dados bancários de todos os clientes de um dos maiores bancos privados mundiais. Os ingleses sentem-se pouco à vontade, envolvidos já em outra fraude fiscal relacionada com Liechtenstein. Então, de forma bastante curiosa —

---

10 Anel rodoviário que separa Paris do subúrbio.

III – O funcionário do fisco

é preciso mesmo assim ressaltar esse aspecto —, eles despacham o caso e seus 107 mil sonegadores potenciais para os serviços franceses.

De qualquer modo, Veillepeau não liga a mínima para esse detalhe; azar dos ingleses. Aliás, ele tem a percepção de colocar a mão em um caso de vulto, tanto mais que a polícia judiciária francesa, em Nanterre, recebeu exatamente a mesma mensagem.

Portanto, convém travar conhecimento com esse Al-Chidiack.

Para essa sensível missão, ele designa Jean-Patrick Martini, o chefe de sua Célula de Assuntos Especiais, encarregada de uma centena de dossiês delicados. Entra no circuito a DGSE, e os primeiros contatos são estabelecidos, como é relatado no primeiro capítulo deste livro.

Assim, é lançada a Operação Chocolate.

Cabe a Veillepeau gerenciar suas repercussões na cúpula do Estado. Em 4 de abril de 2008, Nicolas Sarkozy faz uma visita a Bercy. Ele é presidente da República, mas conhece perfeitamente a casa pelo fato de ter sido ministro do Orçamento, de 1993 a 1995, e depois ministro da Economia em 2004. Para diretor da Auditoria Fiscal, ele nomeou um amigo, de qualquer modo um homem em quem deposita total confiança tanto por sua eficácia quanto por sua lealdade: Jean-Louis Gautier. Trata-se de alguém extremamente discreto, que, aliás, foi assessor em seu gabinete, em 1993. E, se Sarkozy possui uma qualidade bem apurada, é a de identificar os bons elementos. Porque eles trabalharão a contento. E ficarão a seu serviço durante todo o seu percurso político.

Ora, na França, a Auditoria Fiscal é uma arma política. Uma arma letal que tem sido utilizada frequentemente para destruir carreiras. Nicolas Sarkozy sabe disso melhor que ninguém. Em relação às eleições presidenciais de 1995, houve sempre a suspeita, por parte dos partidários de Jacques Chirac, de que, para desestabilizar sua candidatura, o ministro do Orçamento tivesse orientado os serviços fiscais, em 1994, para a pista de faturas falsas suscetíveis de implicar Chirac; ora, na época, este tinha como rival Édouard Balladur (cujo delfim era precisamente Sarkozy).

Ele precisa, portanto, de um homem de confiança para esse cargo. Ao chegar a Bercy, em 4 de abril de 2008, para inspecionar a fusão dos serviços e a implantação da Revisão Geral das Políticas Públicas (RGPP), Sarkozy cumprimenta ostensivamente um homem, diante de uma sala lotada de diretores: trata-se de Jean-Louis Gautier.

A mensagem é cristalina.

Philippe Parini torna-se diretor-geral das Finanças Públicas, enquanto Jean-Marc Fenet fica com a diretoria do Sistema Tributário. Esses dois devem prestar contas a Éric Woerth, nomeado ministro do Orçamento. Tal distribuição das tarefas tem sua importância. Para a preparação deste livro, assim como em vista das investigações que publicamos no *Le Monde*, tentamos entrevistar os senhores Fenet, Parini e Gautier. Em vão. Bercy rejeitou também nossa solicitação.

Roland Veillepeau, presente em Bercy nesse 4 de abril de 2008, compreendeu rapidamente o sistema sarkozysta. Jean-Louis Gautier mantém uma ligação direta com Claude Guéant, onipotente e onisciente secretário-geral do Palácio do Eliseu.[11] Essa presidência sarkozysta se orgulha de manter um estrito

---
11 Residência oficial do presidente da República francesa, na rua Faubourg St. Honoré, perto da praça da Concorde.

III – O funcionário do fisco

controle sobre qualquer tipo de informação. Para Nicolas Sarkozy, está fora de questão ficar sabendo pela imprensa da existência de determinada investigação. Ele está ciente, por experiência própria, da importância em obter a informação na fonte. Formou-se na escola Pasqua[12], basta dizer isso!

Nesse período de estrito controle político, o escritório de Claude Guéant é o lugar para onde convergem todas as informações importantes, sobrando para o dedicado secretário a obrigação de destilar no ouvido do presidente da República as anedotas mais apimentadas, as confidências mais interessantes... Sobrando também para Claude Guéant a obrigação de servir-se, se for o caso, desses ingredientes.

Roland Veillepeau entra nessa equação sutil, mas em um grau nitidamente inferior. Aliás, não passa de um funcionário subalterno. Apesar de indomável. Mas um executivo. Cioso de suas origens. Em seu escritório, assim, ele não hesita em proclamar sua afeição imoderada pela Bretanha ao desfraldar uma bandeira regionalista.

Em dezembro de 2008, a Operação Chocolate está em curso. Sem obstáculos. E com razão: Al-Chidiack-Falciani, nessa época, ainda não forneceu nada aos serviços fiscais. O segundo encontro está agendado com o informante para o dia 6 desse mês. Decisivo. Veillepeau transmitiu instruções estritas: "Esta é a última vez que vamos encontrá-lo", diz a Martini. Seus critérios para agir são claros: nunca remunerar por uma informação, nunca lidar com uma fonte anônima.

Os suíços cometem então sua enorme barbeiragem ao soltar Falciani, logo após sua detenção. Afirmar, retrospecti-

---

[12] Referência a Charles Pasqua (1927-2015), político francês e ministro, citado, em várias ocasiões, diante dos tribunais; bastante influente, era defensor de ideias liberais.

vamente, que o caso HSBC talvez nunca teria estourado se a justiça helvética tivesse procedido de forma mais arguta... Com efeito, a DNEF estava à beira de abandonar a operação de infiltração no HSBC, por falta de provas, e mesmo na circunstância em que essa fonte viesse a ser considerada confiável pela DGSE.

Por ser época de Natal, a atmosfera é realmente descontraída nas instalações de Pantin. Mas é também em 24 de dezembro de 2008 que Falciani dá sinal de vida. Refugiado na França, ele aceita confiar seus preciosos DVDs à DNEF. Uma equipe desloca-se rapidamente ao encontro do informante, recupera os dados, e duplicatas são guardadas no cofre de Veillepeau, enquanto a DGSE, mais bem equipada no plano técnico, faz rodar seus computadores a fim de proceder à perícia sumária dos DVDs.

Rapidamente, todo mundo na DNEF está ciente de uma evidência: esse caso é uma bomba de fragmentação com repercussões de natureza política, diplomática, fiscal e judicial.

E o detonador está nas mãos de Roland Veillepeau.

Em Nice, com a cooperação ativa de Falciani, vários técnicos de informática da DNEF estão empenhados na decodificação do material, e das trevas digitais surgem os primeiros nomes de personalidades... Em 31 de dezembro de 2008, Veillepeau redige, pela primeira vez, uma nota de síntese bastante completa sobre o assunto a fim de encaminhá-la a Philippe Parini, diretor-geral das Finanças Públicas.

Pânico em Bercy.

Quanto aos suíços, sua pressão é cada vez maior. A pedido deles, Falciani é interpelado e fica sob custódia em Menton. Em uma nota sem assinatura de 20 de janeiro de 2009, a DNEF diz o seguinte: "Há motivos para sublinhar a rapidez e a importân-

III – O funcionário do fisco

cia das medidas tomadas pelas autoridades suíças, o que leva a pensar que elas fazem questão de recuperar a qualquer custo os dados que são aparentemente objeto de sua insistente busca, dando a impressão de terem muito valor para elas."

Por ocasião da cerimônia de cumprimentos de Ano-Novo na DNEF, em 21 de janeiro de 2009, um longo conciliábulo reúne o general David Galtier, diretor da polícia judiciária da *gendarmerie*, Roland Veillepeau e os dois funcionários de sua confiança, Jean-Patrick Martini e François Jean-Louis. Imediatamente após essa reunião, o general Galtier envia um de seus auxiliares para Menton. Deve-se enfrentar os suíços e avaliar as medidas a serem tomadas no âmbito judicial. Todas as redes da DNEF são mobilizadas: a *gendarmerie*, é claro, aliada indefectível e confiável, assim como a justiça, na pessoa de Éric de Montgolfier, procurador de Nice, com quem Veillepeau acabará por se dar muito bem. Dois temperamentos bastante fortes, cujos interesses são comuns.

No final de janeiro, outro coquetel por ocasião de cerimônia semelhante no Ministério da Fazenda, em Bercy. Dessa vez, é a diretoria-geral das Finanças Públicas em peso que está reunida. O diretor do Sistema Tributário, em contato permanente com Éric Woerth, dá ordem a Veillepeau para suspender suas investigações. Fato que nos foi confirmado por diversas fontes. "Não permito que o senhor volte a encontrar Falciani", exige o chefe de Veillepeau. Este, fiel à sua política, solicita a instrução por escrito.

Nunca chegará a receber a confirmação manuscrita dessa ordem.

Mas a operação é importante demais. Um caçador como o chefão da DNEF não pode aceitar que tal presa venha a escapar entre seus dedos. Então, serve-se desta artimanha: pede aos subordinados que não voltem a encontrar pessoalmente Falciani. Resta o telefone...

Por que motivo Bercy pretendeu, em determinado momento, encerrar definitivamente tais investigações? O próprio Veillepeau nada sabe a esse respeito. Tampouco os sindicatos. A única certeza é que essa investigação se tornou uma ameaça. Aliás, as listas passarão por diversas vicissitudes. Por exemplo, verifica-se o sumiço do nome de Jean-Charles Marchiani, funcionário de alto escalão e representante de redes de direita. Para retornar em melhores condições. Estranho. O caso de Patrice de Maistre será analisado de maneira sumária. Decerto, a conta desse gestor de patrimônio de Liliane Bettencourt[13] estava sem fundos na época e, inclusive, tinha sido encerrada, sem deixar de figurar nos livros de contas do HSBC... Mas — voltaremos ao assunto — havia sem dúvida a possibilidade de refazer o percurso de sua grana: sua origem e, sobretudo, seu destino.

Nesse início do ano de 2009, Patrice de Maistre é um ilustre desconhecido.

Melhor dizendo, para o público em geral. Efetivamente, nos corredores do poder, esse descendente do contrarrevolucionário Joseph de Maistre (1753-1821) usufrui de certa notoriedade. Fiel contribuinte da UMP[14], exaltado partidário de

---

13 Empresária francesa (1922-), acionista principal do grupo L'Oréal, herdado por ela em 1957. Em junho de 2010, Liliane viu-se envolvida em um escândalo financeiro e político que acabou implicando o ministro do Orçamento, Éric Woerth, um dos mais próximos auxiliares do presidente Nicolas Sarkozy; ele teria feito vista grossa às suas fraudes fiscais.

14 Sigla de Union pour un mouvement populaire [União por um Movimento Popular], partido político francês de centro-direita que sucedeu ao Rassemblement pour la République [Agrupamento para a República] (RPR) e foi criado especificamente para as eleições presidenciais e legislativas de abril de 2002. Presidido, desde novembro de 2004, por Nicolas Sarkozy e dissolvido oficialmente em maio de 2015, foi substituído por Les Républicains [Os Republicanos], também liderados por Sarkozy.

III – O funcionário do fisco

Nicolas Sarkozy, amigo recente de Éric Woerth e, incidentalmente, desde setembro de 2007, empregador de... Florence Woerth. De fato, a esposa do ministro do Orçamento foi contratada, mediante 200 mil euros anuais, pela Clymène — empresa que gerencia os dividendos auferidos da l'Oréal pelos Bettencourt —, cujo diretor-geral é Patrice de Maistre.

Na época, o diretor da DNEF ainda não tinha conhecimento de todos esses detalhes. Os primeiros nomes de personalidades começam a aparecer a partir de fevereiro de 2009. No dia 23 desse mês, Roland Veillepeau assina aliás um pedido de investigação relativa a alguns sobrenomes interessantes que constam das listas de Falciani: o senador Aymeri de Montesquiou, da UMP; a atriz Jeanne Moreau; o *chef* Paul Bocuse; o ex-diretor do grupo de imprensa econômica e financeira Les Échos Luc de la Barre de Nanteuil; o humorista Gad Elmaleh; o psicanalista Gérard Miller; e, ainda, o violinista Stéphane Grappelli.

Veillepeau está em cima de um assento ejetável. Seus subordinados trabalham como loucos. Viajam para o sul da França. "Sem ter contato físico com a fonte, em conformidade com as instruções do diretor", relata o secretário-geral François Jean-Louis, em uma nota confidencial de 11 de março de 2009. O advogado de Falciani na época, o Dr. Rizzo, marca encontro com os agentes da DNEF em Paris, quase sempre no Hotel Westminster [localizado na rue de la Paix, entre a praça Vendôme e a Ópera]. Mais tarde, Falciani irá aconselhar-se com os famosos criminalistas parisienses William Bourdon e Léa Forestier, casal de advogados que goza de grande consideração por seu notório destemor e por ser especializado em "grandes causas". Falciani, que, no Hexágono, tornou-se a encarnação dos vazadores de dados, é certamente uma delas...

Chegam, assim, as férias de Páscoa, na primavera de 2009. A China. E, para Veillepeau, o anúncio brutal de sua destituição.

No retorno da viagem, o chefão da DNEF mostra seu mau gênio, evidentemente. Então propõem-lhe o cargo de conservador das hipotecas em Melun? Uma função muito bem remunerada, uma sinecura que faz sonhar um grande número de seus colegas, mas em que o indivíduo acaba por entediar-se. Diante do risco de ser removido, é preferível escolher sua punição. Ele marca encontro com os chefes. "Quero um cargo semelhante, mas em Toulouse. É isso ou a crônica do *affair* HSBC será publicada no *Le Canard enchaîné*[15]...", brada.

Com certeza, ele não teria chegado a concretizar sua ameaça, de tal modo se incrustou nele o sigilo fiscal. Eis o que constatamos quando ele acabou consentindo em conceder-nos uma entrevista, publicada no *Le Monde* em 10 de fevereiro de 2015. Ele estava disposto a falar conosco, a nos fornecer alguns elementos de sua biografia, mas com esta condição: nada de evocar algum caso particular, em especial, é claro, o dossiê HSBC. "Não posso falar desse caso específico pelo fato de estar obrigado ao sigilo fiscal por toda a vida", ele nos preveniu de imediato. E Roland Veillepeau é um homem de palavra, inclusive do tipo psicorrígido!

O mundo dos funcionários de alto escalão funciona desta maneira: eles amedrontam-se diante da menor ameaça de serem citados pela mídia. Um blefe que surtiu efeito: a solicitação do diretor da DNEF é atendida. Ele será transferido para Toulouse. Mas de acordo com as normas. Ainda lhe restam alguns meses para dar continuidade, nas melhores condições,

---

15 Hebdomadário satírico, fundado em Paris em 1915, que pratica o jornalismo investigativo nas áreas de política, economia e negócios.

III – O funcionário do fisco

à Operação Chocolate. Antes de mais nada, proteger seus subordinados. E, em primeiro lugar, Jean-Patrick Martini.

Este anda chateado. Os suíços não digeriram o papel extremamente ativo desempenhado pelo espião de Bercy. Em 15 de junho de 2009, ele previne Veillepeau de que está sendo investigado pela justiça helvética. O tenente-coronel da *gendarmerie* francesa Bertrand Rodier, baseado em Genebra, foi submetido a um longo interrogatório por parte do MPC a respeito do caso Martini. Pediram-lhe em especial os números de telefone privados desse funcionário, seu endereço, etc. Descontente por constatar que a *gendarmerie* "colabora" com os suíços, Martini envia este comentário para sua chefia: "Parece-me que todas as investigações efetuadas no território francês, em benefício de um Estado estrangeiro com o apoio de um funcionário da *gendarmerie* francesa, não estão fundamentadas em uma base legal satisfatória."

Veillepeau vai tranquilizá-lo, por e-mail, do qual envia cópia para Bercy: "Peço-lhe para informar nossos parceiros da *gendarmerie* que não aprecio de modo algum o zelo de seu representante em Genebra. Peço-lhe que não pise no território suíço durante algum tempo, mesmo que seja por motivo particular." Martini deixará de transpor a fronteira.

Como Veillepeau, aliás, ainda hoje.

Mas resta cumprir uma missão. Como seria possível santuarizar os dados de Falciani, evitar que eles sejam suprimidos "inadvertidamente"? Um único espaço dotado de todas as medidas de segurança estaria em condições de garantir-lhes um seguro de vida: o banco de monitoramento da Auditoria Fiscal. Então, muito antes de deixar suas funções para assumir seu novo cargo em Toulouse, na primavera de 2009, Veillepeau solicitará a duas assistentes da DNEF que introduzam essas listas de nomes nesse banco, cuja modificação é *a priori* impossível. Ao termo da santuarização dos dados, ele redige um relatório extremamente completo sobre seus achados. Enviado a várias pessoas. Trata-se de páginas bastante longas em que ele detalha a maneira de proceder de seus subordinados na reconstituição desse arquivo. "Os dados são constituídos por cerca de seiscentos arquivos informáticos com um peso superior a cem gigabytes, o que representa um considerável volume bruto de informações", escreve ele. "Esses arquivos permitem reconstituir, de algum modo, a contabilidade da clientela do HSBC Finance Bank. Eles incluem:

- uma cópia de segurança referente a 31 de março de 2007 do banco de dados relativo aos clientes da instituição bancária no formato DB2 (IBM); em breve, a cópia referente a 31/3/2008 deve ser fornecida;

- arquivos zipados de cópias de segurança cotidianas por tipo de recursos (líquido, ações, obrigações...) no formato texto para cada perfil de cliente. Eles abrangem o período de 1/1/2006 a 30/9/2007;

- arquivos dos contatos com os clientes, oriundos de um aplicativo de gerenciamento da relação com o cliente (Customer Relationship Management [CRM]), no formato texto, referente ao ano de 2005."

No relatório de Veillepeau, os nomes são citados, repertoriados. À guisa de... tira-gosto, ele chega a detalhar um caso, o do *chef* Paul Bocuse: "Como exemplo", escreve, "a análise incidirá sobre a ficha de Paul BOCUSE, em anexo. Paul BOCUSE é um desconhecido para os funcionários do HSBC Private Banking, em Genebra, no qual, entretanto, ele dispunha de

III – O funcionário do fisco

3.164.189 dólares em 2006-2007. Esse capital está em seu nome através da empresa panamenha Treasure Trading Corporation, criada em 5/4/1981 no Panamá. Essa empresa de fachada é gerenciada em Genebra pelo advogado Maurice TURETTINI, caixa postal 5.715, a quem é enviada a correspondência relativa a essa entidade. Tal empresa dispõe de nove contas bancárias, cujas referências constam da ficha de síntese."

Ele acrescenta também algumas tabelas bastante didáticas. Como a seguinte.

PAÍS	Número estimado de clientes	Total estimado dos ativos dos clientes em US$
Alemanha	283	761.201.787
Austrália	71	295.308.122
Bélgica	1.306	781.573.359
Espanha	702	3.001.612.325
Estados Unidos	1.414	16.013.300.305
França	2.543	3.530.942.737
Grã-Bretanha	5.317	61.312.840.842
Itália	1.449	33.775.115.176
Portugal	440	1.383.781.672
Rússia	248	3.359.003.684
TOTAL 10 países	**13.773**	**124.214.680.008**

Desse modo, a Operação Chocolate já não poderá ser cancelada.

Aliás, pouco antes de sua partida, Roland Veillepeau ficará sabendo, com uma pitada de amargura, de uma entrevista-bomba de seu ministro de tutela, concedida ao *Journal du dimanche*[16], em 29 de agosto de 2009. "Conseguimos re-

---
16 Ou *JDD* [literalmente, "Jornal do Domingo"]. Propriedade do Groupe Lagardère — suspeito de manter ligações com o poder instituído na época —, é o único hebdomadário dominical de informações gerais na França; desde março de 2007, sua versão eletrônica é atualizada diariamente.

cuperar o nome de 3 mil contribuintes titulares de contas nos bancos suíços, dos quais uma parte corresponde muito provavelmente a sonegadores fiscais", declara, nesse dia, Éric Woerth, que evita cuidadosamente revelar a origem de suas informações. E tampouco indicar que seu amigo Patrice de Maistre foi apanhado na malha fina do fisco francês.

Veillepeau, por sua vez, já tem conhecimento dessa informação.

Ele pode deixar suas funções de cabeça erguida. Mesmo que tenha sido atingido pela maldição das listas de Falciani. Assim, o procurador de Nice, Éric de Montgolfier, em seu depoimento ao juiz Renaud Van Ruymbeke, relatará o seguinte: "[Veillepeau] fez-me uma visita em Nice e anunciou-me que, em breve, deixaria seu cargo. Tive a impressão de que se tratava de uma punição." A mesma opinião é manifestada por Hervé Falciani, sempre no gabinete do magistrado das questões financeiras: "[Veillepeau] disse-me que acabaria sendo descartado, mesmo que seja em troca de um cargo cuja remuneração é invejável. Efetivamente, ele será removido pelo fato de estar determinado a levar esse processo até o fim."

No dia 1º de setembro de 2009, Roland Veillepeau deixa definitivamente a DNEF e chega à *ville rose*. Conservador das hipotecas, profissão criada por Luís XV (1710-1774). Trata-se simplesmente de garantir a manutenção dos arquivos imobiliários e o fornecimento das informações contidas nesses documentos. Uma remoção aurifúlgida pelo fato de que tal posto é muitíssimo bem remunerado. Ele permanecerá nesse cargo até a aposentadoria, em agosto de 2014. Como é difícil corrigir-se, vai liderar uma associação dos conservadores, empenhada na luta para preservar alguns direitos ancestrais. Sobretudo, vai observar,

III – O funcionário do fisco

de longe, a evolução da mais importante investigação de sua carreira.

Com inquietação.

No início do caso, ele encontrou, em Nice, o procurador Éric de Montgolfier. Conhecia perfeitamente sua determinação, preparado para acuar e depenar os sonegadores. No entanto, Veillepeau temia as armadilhas, os empecilhos que viessem a ser impostos à ação do magistrado...

Dando continuidade ao trabalho incrementado pelo funcionário do fisco, Montgolfier ligará a máquina judicial.

Correndo o risco de ter de pagar um alto preço por isso.

IV

O procurador

Não adianta tentar granjear sua simpatia.

Treze anos à frente de um Ministério Público em que tem de gerenciar quinze adjuntos e lidar com 86 mil processos por ano, eis o que demonstra a categoria de um magistrado. Éric de Montgolfier é um homem que enfrenta os desafios. Uma contradição ambulante, também, em um círculo em que o fato de roubar a cena é algo sobremaneira rejeitado. Com efeito, o procurador Montgolfier adora aparecer na mídia.

Sobretudo se os comentários forem favoráveis à sua ação.

Seu conceito de justiça é o mais elevado possível. É esnobado igualmente por aqueles que o invejam — e, em sua corporação, eles são numerosos. Mas seu tipo de comportamento é antes resiliente.

Ele detesta — não necessariamente nessa ordem — a corrupção, a falta de educação e os políticos cínicos, mesmo que às vezes tenha de transigir com eles porque no sul da França não há alternativa. É desse jeito. Ele fala como é. Sem qualquer disfarce. Sempre elegante, sincero e até rígido, também distante, olhar divertido por trás dos óculos. Um jantar a seu lado nos permite revisitar os arcanos da justiça, ele tem opinião a respeito de qualquer assunto, e não hesita em manifestá-la. Com uma profusão de frases frequentemente afetadas, mas sempre bem estruturadas. Portanto, um personagem, cuja lista de processos é o melhor cartão de visita. Foi o demolidor de Bernard Tapie quando, em Valenciennes, acabou desenterrando, no sentido próprio do termo, a grana do suborno relativa a uma partida de futebol: em 1993, Tapie, o então presidente do Olympique de Marselha, tinha combinado o resultado do jogo de sua equipe com o time daquela cidade. Em seguida, seis anos depois, ao chegar a Nice, Montgolfier torna-se o denunciante das redes maçônicas suspeitas de terem se infiltrado na justiça local por intermédio do juiz Jean-Paul Renard, personalidade importante da cidade, tendo acabado por destruir sua reputação e depois sua carreira...

Em Nice, nesse começo do ano de 2009, o juiz incorruptível é tão detestado quanto admirado. Em Paris, é temido. Em Aix-en-Provence, o procurador-geral direitista François Falletti, seu superior hierárquico, tem dificuldade em digeri-lo.

Teríamos apreciado verdadeiramente rever Éric de Montgolfier, agora que ele está aposentado, para solicitar-lhe um relato detalhado do episódio HSBC, mas ele deixou de falar conosco depois que publicamos, em 11 de abril de 2012 — na época de sua nomeação como presidente do Ministério Público de Bourges —, um artigo no *Le Monde* relatando sua longa permanência em Nice, assim como as impressões contrastantes de quem havia lidado com ele nessa cidade. Uma matéria equilibrada em que, além da ênfase reservada a seus êxitos, ele próprio teve a oportunidade de se exprimir sem restrições. Mas também seus detratores. Com palavras ferinas. Ele encarou esse texto como uma traição, acostumado sem dúvida aos artigos elogiosos que pontuaram sua carreira.

"Mesmo tendo em conta os bons momentos, a lembrança que, contra toda a expectativa, me deixou o artigo dedicado à minha saída de Nice seria um empecilho para aceitar submeter-me a outra tentativa", foi sua resposta por SMS. Caprichado à beça. À imagem do personagem, culto e suscetível.

É, pois, esse homem, esse magistrado hipermidiático, portanto intocável — esse caçador de "poderosos" que se tornou inflexível, não só diante de sua hierarquia, mas também diante dos vigaristas perseguidos por ele ou dos jornalistas com quem está em contato —, que herdará as listas de Falciani, no início de 2009. O técnico de informática encontrou o parceiro ideal. Outros procuradores teriam evitado qualquer responsabilidade, endossando o caso a colegas mais audaciosos. Montgolfier, por sua vez, lambe os beiços. Essas listas são o mesmo que tirar a sorte grande. Talvez o último grande lance de sua carreira.

Vai escorrer sangue.

De fato, os suíços não perdem de vista o caso. Eles querem recuperar, a qualquer custo, os dados de Falciani. E, como já vimos, o procurador de Nice fez, desde o início, sua escolha. Não há hipótese de ceder. A procuradora federal helvética, Laurence Boillat, depois de sua rápida viagem a Nice, se servirá de expedientes oficiais. Em 3 de fevereiro de 2009, ela dirige uma comunicação a Olivier Caracotch, o adjunto de Éric de Montgolfier, na qual exige "a transmissão do caderno amarelo contendo notas pessoais, assim como a cópia dos dados contidos no iPhone, na unidade central e no notebook". Todo esse material foi apreendido na casa de Falciani. Mas, há muito tempo, após entendimento com a DNEF, o Ministério Público de Nice já tomou uma decisão: é impossível aceitar o pedido dos suíços. As autoridades francesas têm a absoluta convicção de que, nessa hipótese, o único a ser processado seria Falciani, e de modo algum o HSBC.

Nesse ponto, elas não se equivocaram: será necessário esperar a operação SwissLeaks, em fevereiro de 2015, para que a justiça suíça, sob pressão e forçada, se digne debruçar-se sobre as práticas ilegais do HSBC Private Bank...

Logo no dia seguinte, 4 de fevereiro, Olivier Caracotch responde à procuradora Boillat: "É impossível para mim transmitir-lhe esses dados sem perícia prévia, aliás, em aplicação do princípio de especialidade que rege a assistência mútua no que se refere à repressão no plano internacional." Em linguagem menos formal, isso significa que estão em jogo interesses franceses; portanto, em primeiro lugar, convém levá-los em consideração antes de satisfazer as solicitações de países, mesmo que sejam amigos, como é o caso da Suíça...

A Confederação Helvética continua na briga. Em dezembro de 2009, ela decidirá inclusive suspender o processo de ratificação pelas duas Câmaras Federais do adendo à Convenção Relativa à Dupla Tributação, concluído no verão de 2009, o qual permite em especial a troca de informações na área tributária. Ela baterá também à porta do Ministério da Justiça, em Paris, no qual encontra uma escuta atenta na pessoa de Michèle Alliot-Marie, ministra desde junho de 2009. Eis Éric de Montgolfier, uma vez mais, posto na posição do implicante, de alguém que detesta engavetar processos. Aliás, sua posição favorita.

Ele começa por garantir a cooperação de Hervé Falciani. O qual, em 22 de maio de 2009, com verdadeiro senso oportunista, escreve ao procurador: "Estou decidido a fornecer minha plena e completa colaboração às autoridades

IV – O procurador

francesas e, nomeadamente, judiciais e tributárias. Estarei em condições também de demonstrar-lhe como um banco privado é suscetível de tornar-se uma arma a serviço do crime organizado." A fraseologia é ponderada, refletida. Adivinha-se a pegada do advogado Patrick Rizzo. E ela autoriza o procurador a empreender investigações.

Em 26 de junho de 2009, ele ordena um inquérito preliminar por "lavagem de fraude fiscal" e apresenta denúncia aos serviços tanto da aduana judiciária quanto da *gendarmerie* nacional. Tal iniciativa é mais importante do que pode parecer. Ela introduzirá Montgolfier no círculo bem restrito daqueles que contribuíram para a emergência do *affair* HSBC. O procurador se tornará, por sua vez, um dos homens que sabiam demais. Com efeito, ao introduzir os dados de Falciani no âmbito judicial, o magistrado confere-lhes existência legal. Aliás, em 9 de julho de 2009, em perfeito entendimento com Roland Veillepeau, ele tomará a providência de transmitir à administração fiscal francesa a cópia das listas apreendidas no decorrer da perquirição. Evidentemente, o fisco já dispunha desses dados, obtidos diretamente das mãos de Falciani, mas daí em diante Bercy pode trabalhar de acordo com a lei, como é autorizado pelo Código de Procedimento e de Processo Tributário.

"De fato, legalizei a origem dos dados computadorizados que eu detinha do ponto de vista judicial", reconhecerá seraficamente, em junho de 2012, Éric de Montgolfier, diante de uma CPI do Senado francês sobre a evasão de capitais.

Ocorre que ele se movimenta em campo minado. "Tenho a sensação, pelo que vivenciei, de que houve múltiplos freios, eis o relato de Hervé Falciani perante os juízes franceses. O mais significativo foi a tentativa da ministra da

Justiça, a sra. Alliot-Marie, no sentido de suprimir as provas." Os termos são contundentes, mas a inércia desse ministério, situado na praça Vendôme, está comprovada factualmente.

Em Paris, com efeito, a ministra da Justiça oferece resistência e se recusa a validar a posição do procurador. "Passaram-se longas semanas sem obtermos uma resposta", lembra-se Éric de Montgolfier, em julho de 2013, ao ser questionado sobre as relações com sua hierarquia pelo juiz parisiense Renaud Van Ruymbeke, encarregado na época do dossiê HSBC. "Por ocasião de uma reunião organizada pela ministra da Justiça com os procuradores-gerais e os procuradores da República, tive a oportunidade de evocar esse pedido a seu diretor de gabinete, François Molins [atual procurador de Paris], que me respondeu que era algo difícil. E, algum tempo depois, o procurador-geral de Aix-en-Provence, François Falletti, ligou-me a fim de me pedir para enviar o original dos documentos sob selo judicial — dos quais eu tinha mandado fazer cópias — ao Ministério Público federal suíço [...]."

Grande irritação do procurador de Nice. Como enfrentar esse intenso *lobbying* diplomático da Suíça? Se os dados de Falciani retornarem ao território helvético, pode-se apostar que não servirão para mais nada. Ainda no Senado, em 2012, Éric de Montgolfier manifesta a essência de seu pensamento, à sua maneira, sem papas na língua: "Neste caso, é interessante constatar até que ponto as autoridades helvéticas tomam posição em favor do banqueiro que deu asilo a capitais sonegados em nosso país. A correspondência que recebi do Ministério Público federal de Berna, além de ser desagradável, o que não é assim tão grave, era particularmente insistente, como se os interesses da Suíça se confundissem com os do HSBC."

IV – O procurador

E esse é evidentemente o caso. Ninguém, do outro lado dos Alpes, tem interesse em que estoure o escândalo. A Suíça ainda não está comprometida — apenas timidamente — com a honestidade na área tributária internacional. E, depois, o HSBC não é pouca coisa. Um dos maiores bancos privados do mundo. Dignitários estrangeiros aplicaram aí seu pé-de-meia. As elites do planeta têm seu acesso garantido em Genebra, Lugano ou Zurique. Alguns gestores de fundos do banco não temem, em uma época de impunidade absoluta, cruzar as fronteiras, angariar clientes, levar-lhes dinheiro vivo e até explicar-lhes como contornar as regras europeias a fim de escapar aos impostos...

Nos bastidores, Berna manifesta impaciência, multiplica, discretamente e com muito tato, as pressões sobre Paris. Com êxito. Qual é o peso de um procurador de província em face dessas fantásticas somas de dinheiro, desses interesses múltiplos? Como ocorre com frequência, um texto de imprensa é que fará recuar a França, cujo poder político cedia claramente em favor da Suíça. *Le Canard enchaîné* publica um artigo muito bem informado, relatando as peripécias da lista de Falciani e as tergiversações da justiça francesa. Grande alvoroço na praça Vendôme. "Não tive nada a ver com isso, posso garantir-lhes", declarará sob juramento Éric de Montgolfier perante os senadores. "E finalmente recebi uma ordem diferente do ministério, de conservar os dados. Assim, limitamo-nos a entregar cópias aos suíços..."

O perigo iminente está assim descartado.

O magistrado niceense pode intensificar seus esforços. De qualquer modo, ele está ciente de que — tendo em conta a importância do inquérito, o número de eventuais sonegadores e, sobretudo, sua dispersão em todo o território francês — as investigações, em determinado momento, escaparão de sua alçada. Ele será necessariamente desincumbido da maior parte e até da totalidade do dossiê, nem que seja por motivos de competência territorial.

Ele se prepara para essa eventualidade.

Os nomes de personalidades surgem em grande quantidade. Aos poucos, as listas revelam seus primeiros segredos com a colaboração ativa de Falciani, que garante sua ajuda ao fisco até março de 2009, assim como à justiça até dezembro de 2009. Em determinado momento, sua presença se tornará importuna. Ele deverá eclipsar-se. Personalidade demasiado embaraçosa, ameaçadora.

Os suíços, por sua vez, prosseguem em seu trabalho de sapa. Eis agora que, de acordo com suas insinuações, os franceses vão acabar por falsificar, manipular, camuflar os dados! Apesar de tudo, foi tomada a decisão de transmitir-lhes uma cópia. "Para começar, falei por telefone com a procuradora federal suíça a respeito da entrega da cópia dos dados", lembra-se Éric de Montgolfier. "Perguntei-lhe como proceder a fim de evitar a suspeita, em caso de perda, de ter extraviado a embalagem deliberadamente. Ela me respondeu que, de qualquer modo, ela sabia que eu ia falsificá-los. Eis algo que não é nada amável, mas deixa pra lá..."

Outra conversa telefônica ocorrerá em 23 de dezembro de 2009, entre Laurence Boillat e François Falletti, o superior hierárquico do procurador de Nice.

A magistrada suíça é realmente mordaz.

E já entendeu que perdeu o controle do caso. Ao anotar, em seu dossiê penal, as lembranças dessa conversação, sente-se uma amarga ironia: "Durante toda a nossa entrevista,

IV – O procurador

o sr. Falletti comporta-se como na primeira vez, como se nada desse *affair* tivesse sido publicado pela mídia..."

Em termos mais claros, a magistrada pensa que a justiça francesa vazou propositalmente esse caso HSBC. Na época, convém reconhecer, a imprensa gaulesa está muito bem informada. A começar por *Le Parisien* e, em seguida, *Le Monde, Le Figaro, Le Point*...

Em Paris, todo mundo está sabendo dos boatos sobre os nomes apanhados na malha fina do fisco e/ou da justiça. Os policiais efetuaram um excelente trabalho. São recenseadas 8.936 personalidades francesas: todas detinham uma conta no HSBC Private Bank entre 9 de novembro de 2006 e 31 de março de 2007, pelo menos. Valor total desses ativos, camuflados para um grande número de titulares atrás de empresas *offshore*: 5,7 bilhões de euros, de acordo com os investigadores (segundo uma estimativa mais recente que utiliza outros métodos de cálculo a pedido do banco, essa soma está avaliada em 2,2 bilhões de euros).

Além de boa, a pesca é milagrosa!

Éric de Montgolfier dá ordem por escrito aos funcionários para incrementarem suas investigações. Em 6 de julho de 2010, ele se concentra em uma lista de 53 personalidades que, supostamente, são titulares de contas no HSBC PB. Entre elas, os cantores David Hallyday e Philippe Lavil; os advogados Daniel Vaconsin e Michel Tubiana; os industriais Christian e François Picart (fundadores da cadeia de restaurantes Buffalo Grill) e Alain Afflelou (dono de uma cadeia de lojas de óptica); o jornalista Alain Ayache; os esportistas Henri Leconte e Christophe Dugarry; os empresários Xavier Gouyou-Beauchamps e Alexandre Poniatowski; o galerista Emmanuel de Brantes; e até uma ex-Miss França, Linda Hardy...

Nada além de *happy few*. Convém lembrar que o ticket de entrada no banco privado suíço está fixado em 1 milhão de dólares.

Ao citar as pessoas nominalmente, ao pedir aos funcionários para focarem as investigações sobre esses nomes (soma dos ativos, claro, mas também antecedentes judiciais, endereços particulares, etc.), e não dispondo ainda de nenhuma prova de irregularidade quanto à situação tributária de tais clientes, o procurador Montgolfier não estará avançando longe demais, rápido demais, obstinado demais? Não estará confirmando também seu afastamento desse processo, sabendo que a maior parte desses contribuintes nada têm a ver com sua jurisdição? Mas o magistrado, sentindo que o dossiê poderia ser realmente engavetado, decide fazer tudo o que está a seu alcance a fim de tornar as coisas irreversíveis. "Atiçar a cachorrada", para retomar sua expressão-talismã: ele sabe fazer isso.

Tanto mais que ele tem outras intuições. O que é feito dessas contas, cujos ativos são extremamente elevados, atribuídas a simples gestores de fundos do HSBC? "Ficamos baratinados ao constatar o grande número de empregados do HSBC que são titulares de contas", sublinha ele no Senado em 2012. "Seria isso titularidade de contas em lugar de terceiros?" A resposta está evidentemente na pergunta do procurador. Que acrescenta: "Duvido que os suíços nos forneçam esclarecimentos sobre esse ponto..."

Ele está coberto de razão.

Sente-se já despontar a sensação de ter à sua frente um gigantesco iceberg, cuja face imersa permanece fora de alcance.

Em 3 de dezembro de 2010, produz-se o inevitável: por motivos de competência territorial, a jurisdição de Nice é de-

IV – O procurador

sincumbida desse dossiê em benefício do Ministério Público de Paris. Éric de Montgolfier perdeu seu "bebê", conservando apenas alguns nomes que correspondem a casos de menor importância. Os gendarmes, por sua vez, concluíram seu trabalho de beneditino: no total, identificaram 106.682 clientes e 20.129 empresas titulares de contas no HSBC PB.

Entre esses contribuintes — eventuais infratores do fisco —, um caso passa um tanto despercebido. Sem razão, porque a simples evocação do nome com o *de* nobiliárquico equivalia, desde a primavera de 2010, a dar um sinal de alarme. Já detectada por Veillepeau e seus subordinados, a presença do gestor de patrimônio da família Bettencourt, Patrice de Maistre, nas listas de Falciani teria provocado inquietação na cúpula do Estado? E precipitado o repatriamento do inquérito para Paris? Trata-se de uma hipótese sólida. Amplamente abonada pelo próprio procurador Montgolfier. Entrevistado em 10 de fevereiro de 2012 pelo *Mediapart*[17] sobre sua gestão das listas, ele confiará: "Checamos e encontramos efetivamente uma conta em nome do famoso P. de Maistre. Sem nenhuma movimentação de capital, ela já tinha deixado de funcionar. Essa conta tinha importância para certo número de pessoas nos círculos do poder..."

Na realidade, 2010 é um ano um tanto especial no âmbito judicial, na França. O ano em que o caso Bettencourt se torna tentacular, monstruoso. Durante muito tempo reduzido a um conflito privado que dilacerava a família detentora de uma das maiores fortunas do mundo, ele se transforma em um escândalo político após a revelação feita pelo *Mediapart*,

---

17 Jornal online, fundado em 2008, que põe em prática um jornalismo investigativo, tendo desempenhado um papel central na revelação e investigação de vários escândalos da atualidade francesa.

em 16 de junho, de gravações particularmente comprometedoras para o poder sarkozysta. Éric Woerth — na época, ministro do Orçamento (e, em seguida, do Trabalho) e, ao mesmo tempo, tesoureiro da UMP — encontra-se enleado nesse caso. É acusado em especial de ter recebido dinheiro vivo da família Bettencourt, por intermédio justamente do mencionado Patrice de Maistre, homem de confiança da bilionária. E de ter obtido para este último uma condecoração em troca da contratação de sua esposa... Três juízes de Bordéus o submeterão a interrogatório, em 2012, em dois processos distintos — por "receptação" e "tráfico de influência" —, em razão desses vínculos de amizade e financeiros suspeitos. Sem provas, mas fortes presunções. Submetido a novo interrogatório, contra o parecer do Ministério Público, na vara de crimes financeiros de Bordéus, diante do qual compareceu no início de 2015, Éric Woerth contestou vigorosamente os fatos que lhe são atribuídos, não tendo nenhuma dúvida de que será inocentado nesses dois casos, em conformidade com as requisições do Ministério Público.

De qualquer modo, esse processo acabou por revelar o papel desempenhado durante muito tempo, na sombra, por Patrice de Maistre, astro discreto da galáxia sarkozysta.

Entre o final de 2007 (momento do falecimento de André Bettencourt, marido de Liliane) e pelo menos até 2010, ele gerencia, sozinho, a riqueza de Liliane Bettencourt, além de ser o confidente da velha senhora, uma das mulheres mais ricas da França. Ora, mesmo que simbólica, uma parte desse dinheiro foi utilizada pelo campo sarkozysta, pelo menos em 2007. Em primeiro lugar, há o testemunho de Claire Thibout, a contadora da sra. Bettencourt: "Patrice de Maistre me chamou a seu escritório e me disse: 'Claire, preciso de 150 mil

IV – O procurador

euros.' Então, perguntei: 'Para quê?' Ele me respondeu: 'Tenho um encontro com o sr. Woerth e devo lhe entregar essa soma.'" Ela garante que, sem o pedido pessoal da sra. Bettencourt, recusou-se a dar-lhe mais do que 50 mil euros, quantia efetivamente entregue, em 18 de janeiro de 2007, a Liliane Bettencourt na presença de Patrice de Maistre. "Alguns dias depois", relatou ainda Claire Thibout, em seu escritório, "ele me disse: 'Quebra um galho ter contas na Suíça.'"

Tal testemunho foi contestado terminantemente, tanto por Éric Woerth quanto por Patrice de Maistre.

De qualquer modo, as investigações dos juízes confirmam que o gestor de patrimônio esteve efetivamente na Suíça e teve um encontro com Éric Woerth em 19 de janeiro de 2007, no dia seguinte à entrega dos 50 mil euros pela contadora à patroa. No dia 28 desse mesmo mês, ele retorna a Genebra e encontra-se com René Merkt, advogado suíço da família Bettencourt. Um dia depois, em 29 de janeiro, Patrice de Maistre participa de uma reunião do Premier Cercle, o clube dos doadores da UMP. Em 5 de fevereiro de 2007, 400 mil euros em dinheiro vivo chegam da Suíça, por portador, à casa dos Bettencourts; de imediato, Patrice de Maistre tem um encontro com Liliane. E, em 7 de fevereiro, ele vai tomar um café com Éric Woerth, às 8h30. No mínimo, os dois homens estão estreitamente ligados, além de existir um sistema de repatriamento de somas ocultas provenientes da Suíça.

E, depois, há a visita, em 2008, de Liliane Bettencourt ao Palácio do Eliseu, acompanhada pelo incontornável Patrice de Maistre — este voltará, pelo menos em outra ocasião, sozinho. Mas existem também, é claro, as famosas gravações clandestinas, realizadas na residência dos Bettencourts, nas quais o sr. de Maistre fala com ênfase de sua grande familiaridade com Éric Woerth, cuja esposa, Florence Woerth, foi contratada por ele. E qual não é nossa surpresa ao ouvir a conversa do gestor de patrimônio, em 23 de abril de 2010 — a propósito dessa contratação —, com a sra. Bettencourt: "Devo confessar que, nessa época, o marido dela era ministro da Fazenda... foi ele quem me pediu isso. [...] Aceitei para lhe agradar..."

Convém igualmente evocar a carta de Éric Woerth para Nicolas Sarkozy, em 2007, recomendando Patrice de Maistre para a obtenção da condecoração da Légion d'honneur. Essa missiva, de 12 de março de 2007, diz o seguinte: "Caro Nicolas, o sr. Patrice de Maistre tem chamado minha atenção. [...] Eu lhe ficaria muito grato por prestar a este pedido uma atenção particular." Manuscritas com tinta azul, foram acrescentadas as seguintes frases: "Seria bom atender a este pedido. Voltarei a falar com você sobre isso."

O motivo é que se deve paparicar Patrice de Maistre, membro do Premier Cercle, esquema de generosos doadores criada pela UMP. Ele contribui anualmente com 2 mil a 3 mil euros, e 7,5 mil euros nesse período eleitoral. Chegou inclusive a financiar, com a soma razoável de 1,5 mil euros, a pequena associação montada em torno de Éric Woerth. A família Bettencourt também contribuiu financeiramente — pelo menos, de forma legal — para a campanha de Nicolas Sarkozy.

Considerando tudo isso, em uma época de tentativa da truculenta retomada de controle sobre o dispositivo judicial, no quinquênio de Sarkozy (2007-2012), alguém sonharia solicitar aos magistrados que intensificassem o inquérito sobre eventuais contas ocultas do sr. de Maistre? Quem deixaria o caso nas mãos de um juiz considerado incontrolável?

IV – O procurador

Sejamos realistas...

Em julho de 2010, Éric Woerth e Patrice de Maistre ficam sob custódia em decorrência do dossiê Bettencourt. E, em dezembro desse ano, o processo relativo ao HSBC é retirado de Montgolfier e confiado ao Ministério Público de Paris. Mais tarde, os aduaneiros tentarão o impossível para tomar Patrice de Maistre como alvo, empenhando-se em um trabalho preparatório de inquérito, repertoriando as diferentes contas do gestor de patrimônio, seus endereços, suas relações... Mas esbarrarão, *in fine*, na decisão do Ministério Público de Paris, impedindo-os de prosseguir com suas investigações.

Qualquer que seja o epílogo judicial desse rocambolesco caso Bettencourt, resta mesmo assim um fato comprovado, incontestável. E interessante. Patrice de Maistre foi efetivamente titular de uma conta no HSBC Private Bank de Genebra. Número de identificação do cliente: 5.090.133.698. Criada em 19 de novembro de 1989, ela estava perfeitamente referenciada no HSBC, apesar de encerrada oficialmente em 13 de junho de 1997. A correspondência era retida no banco, o que significa que P. de Maistre desejava total confidencialidade. Mas, no período sob análise (novembro de 2006-março de 2007), ela não tinha fundos, a soma de seus ativos era nula, se dermos crédito aos dados de Falciani. Zero dólar. Ou zero euro, à escolha!

No entanto, para abrir essa famosa conta, era necessário dinheiro vivo. Nunca é demais repetir: o banco exigia, no mínimo, 1 milhão de dólares para ter a insigne honra de abrir uma conta no seletíssimo HSBC Private Bank de Genebra...

Avalia-se tanto melhor os perigos de uma investigação não controlada pelo poder instituído se levarmos em consideração o fato de que, além de Patrice de Maistre, outros nomes particularmente significativos constam nessas listas: o antigo "Monsieur Afrique" do grupo Elf, André Tarallo[18], o empresário André Guelfi e o ex-deputado do Parlamento Europeu Jean-Charles Marchiani, ou seja, personalidades que desempenham o papel de intermediários, no limite dos interesses do Estado e de sua própria fortuna. Todos eles situados na órbita de um certo Charles Pasqua, mentor político de Nicolas Sarkozy.

Outra surpresa: encontra-se aí um sobrenome desconhecido do público em geral, mas assíduo frequentador dos arcanos do poder. No caso, dois membros da família de Éric de Sérigny, há vinte anos amigo íntimo de Nicolas Sarkozy, além de conselheiro discreto em Bercy, entre 2007 e 2010, do ministro Éric Woerth. Convém reconhecer que, por residirem na Suíça, Élisabeth e Diane Le Moyne de Sérigny tinham o direito de manter uma conta na filial genebrina do HSBC. Outro nome intrigante que nunca chegou a ser revelado: o de uma certa Marie-Aude Dalamel Balkany, que é simplesmente a cunhada de Patrick Balkany. O deputado e prefeito de Levallois-Perret apresenta a dupla característica — propalada já há alguns anos! — de ser simultaneamente alvo de inquéritos judiciais e um dos mais fiéis amigos de Nicolas Sarkozy. Aberta em 2 de fevereiro de 1997, a conta dessa senhora de 61 anos, domiciliada no XVI *arrondissement* de Paris, e a respeito da qual nada comprova que estivesse em falta com suas obrigações em relação ao fisco, apresentava

---

18 Como diretor de assuntos gerais, durante cerca de trinta anos, do grupo Elf — empresa petroleira francesa de exploração, refinação e distribuição —, André Tarallo (1927-) chegou a conhecer pessoalmente todos os chefes de Estado africanos. Foi também o suspeito condenado à pena mais pesada no *affair* Elf: entre 1989 e 1993, teriam sido desviados mais de 300 milhões de euros.

(no período 2006-2007) um crédito que, no máximo, se elevava a 325.372 euros.

No final do ano de 2010, as listas de Falciani, como se viu, assumem uma feição política. Éric de Montgolfier foi afastado. E o caso fica por conta do Ministério Público de Paris, reputado por ser muito menos agressivo, mais maleável. Por falta de designação de um juiz de instrução, o processo permanece na fase de inquérito preliminar. Sob o controle exclusivo do Ministério Público, o qual, por sua vez, está submetido hierarquicamente ao executivo. Tal situação permite evitar as iniciativas intempestivas de magistrados independentes. Será necessário esperar quase três anos para que finalmente, em 23 de abril de 2013, uma informação judicial seja aberta! Quanto tempo perdido! É verdade que recorrer a um juiz de instrução corresponde também a abrir o dossiê aos advogados, facilitar vazamentos, assumir o risco de ver o caso exposto em praça pública e a denúncia de potenciais sonegadores. Alguns nomes são personalidades notórias. Próximas do poder em exercício. Tendo começado a preparar várias perquisições visando tais nomes, os serviços aduaneiros conectados à justiça serão inclusive admoestados a uma maior moderação por magistrados ligados ao Ministério Público de Paris.

Depois de Roland Veillepeau, o emblemático diretor da DNEF, agora é a vez de despachar o impetuoso procurador Éric de Montgolfier. A justiça acabou retomando um curso "razoável"...

Usufruindo ambos da mesma reputação, de avançar rapidamente e o mais longe possível, os dois tinham agido de comum acordo. O fisco é, *a priori*, menos perigoso que a justiça, no sentido de que suas investigações são menos incisivas e seus recursos, menos importantes. E, sobretudo, seus objetivos são diferentes. Se uma conta está sem fundos — como, por acaso, a de Patrice de Maistre —, o auditor fiscal não dará continuidade necessariamente à sua investigação. A função peculiar de Bercy é recuperar dinheiro. Nas situações em que a justiça procura reprimir um delito mediante a punição dos culpados, a única vocação do fisco é, mais prosaicamente, providenciar a devolução ao Tesouro Público dos capitais a que tem direito. No entanto, como uma ação por fraude fiscal só pode ser apresentada à justiça mediante queixa de Bercy, avalia-se de forma mais abalizada a necessidade de controlar as duas entidades...

É então que um político se manifestará fora de qualquer polêmica e empreenderá uma espécie de inquérito sobre o inquérito. A fim de neutralizar as insinuações helvéticas. Além de sacudir a justiça francesa.

E de evitar que o caso acabe em pizza.

O deputado socialista Christian Eckert entra na dança.

É sua vez de valsar com os dólares.

V

O deputado

Quem conhece Christian Eckert?
Ninguém. Melhor dizendo, pouca gente.

Perguntem ao comum dos mortais o nome desse colosso, cuja imponente silhueta é percebida às vezes, como em 6 de março de 2015, por ocasião de uma viagem do presidente François Hollande a Luxemburgo... Formular tal pergunta não é para ele, de modo algum, um insulto. Raros são aqueles — tirando evidentemente seus colegas, ministros ou parlamentares — suscetíveis de dar uma resposta. Sua reputação é excelente, mas tem dificuldade para transpor o cenáculo político.

É pena.

Com efeito, há interesse em conhecer Christian Eckert. Ele é secretário de Estado do Orçamento, desde 2014; portanto, encarregado das finanças da França. Sob sua jurisdição, encontram-se as aduanas e o fisco, ocupando assim, como se diz, um cargo-chave. Professor concursado de matemática, ele tem uma queda pelos algarismos, sabe manipulá-los, interpretá-los. Prefeito de Trieux[19], deputado do departamento

---

19 Pequena cidade francesa perto da fronteira com Luxemburgo.

de Meurthe-et-Moselle, amante de bons vinhos e de iguarias delicadas, é um homem educado, calmo e enérgico. Quem se deixasse levar por sua relativa descontração, por sua atitude indulgente, ficaria desiludido.

Sempre atento, é político até a extremidade de suas grandes mãos, apesar de sua aparição tardia nesse microcosmo; de fato, ele esperou até junho de 2007, e depois de ter completado 51 anos, para ganhar um assento na Assembleia Nacional francesa.

No entanto, esse quase novato é que, em dezembro de 2009, foi escolhido por Jean-Marc Ayrault, então líder dos deputados socialistas, para azucrinar Éric Woerth a respeito de sua dupla função de tesoureiro da UMP e de ministro do Orçamento. "Dou de cara com Jean-Marc Ayrault no elevador", confiou-nos Christian Eckert, em 9 de março de 2015. "E ele me diz: 'Escute, Christian, você viu a reunião com Woerth e Sarkozy no hotel Bristol, você não gostaria de questioná-lo a respeito?' Para alguém que está chegando, é uma ocasião imperdível..."

A sessão é memorável. O deputado dispara: "Sr. ministro das Contas Públicas, o senhor deve supostamente combater a fraude e a evasão fiscal. Será que isso é compatível com sua função de animador do clube dos financiadores da UMP? Não haverá aí, para não falar de conflito de interesses, pelo menos confusão dos gêneros?" Na época, nada é mais desagradável do que contestar o poder sarkozysta. E o deputado socialista recebe esta réplica acachapante: "Sabe, os membros do governo são responsáveis políticos, não sei o que o senhor está tentando demonstrar com sua pergunta idiota..."

Erro grosseiro de Éric Woerth, ainda tomado pela arrogância que lhe custará caro, pelo menos em termos de imagem. Bronca no hemiciclo: os deputados socialistas abandonam a

V – O deputado

sala. Alguns meses depois, o caso Bettencourt bagunçará o coreto. Em particular, a função de tesoureiro da UMP ocupada pelo ministro Woerth. À qual ele renuncia, evidentemente, no verão de 2010.

Afinal de contas, a pergunta estava longe de ser assim tão idiota...

"Woerth e eu fomos sempre adversários inflexíveis", comenta Eckert. "Na época, ele evitava olhar para mim e não me apertava a mão." Em 6 de julho de 2010, no Palácio Bourbon [sede da Assembleia Nacional], Christian Eckert regozija-se ao recordar — para estigmatizá-los ainda com maior gana — "a ironia e o menosprezo" manifestados, sete meses antes, por Éric Woerth.

É então esse deputado obstinado que, em junho de 2012 — após a eleição presidencial do candidato socialista, François Hollande —, se torna relator-geral da Comissão das Finanças, da Economia Geral e da Auditoria Orçamentária da Assembleia Nacional. E que, de imediato, decide prosseguir com a investigação do *affair* HSBC, dedicando-lhe um relatório de informação. Trata-se de uma história que o deixa intrigado. Ele experimenta a sensação de que nem tudo foi dito, e de que os representantes do povo têm o direito de aprofundar seu conhecimento sobre o assunto. As novas funções de Eckert lhe permitem empreender tal operação, tanto mais que Bercy deve fornecer-lhe todo tipo de informações e desenterrar seus arquivos, o que não corresponde de modo algum à tradição da casa... O sigilo da instrução é o único que lhe é vedado, mas não o sigilo fiscal. E até a DNEF deve ceder a suas solicitações.

Desse modo, Eckert decide instalar-se em Bercy, além de marcar dois encontros com Hervé Falciani e outro com o procurador Éric de Montgolfier.

Com 56 anos, ele junta-se a Montgolfier, Veillepeau, Falciani, Margaux, seus novos parceiros do caso. Ele ficará, por sua vez, sabendo demais.

É o elo político dessa corrente cidadã.

"Eu tinha acompanhado superficialmente o caso", lembra ele. "A questão central era a seguinte: em relação às listas [de Falciani], teriam sido suprimidos nomes de sonegadores? E, ao formular essa pergunta, eu estava pensando evidentemente em meus predecessores." Em especial, em Éric Woerth, seu maior inimigo.

Eckert teve notícia das recriminações helvéticas. Os suíços, que haviam recebido duas cópias dos arquivos de Falciani, em 21 de janeiro de 2010, são formais. Em um relatório de 25 de agosto de 2010, os magistrados suíços afirmam que "um dos dois arquivos havia sido modificado". Aliás, o MPC confirma tal observação no *Le Monde*, em julho de 2012: "O Ministério Público obteve mais de um ano depois — contrariamente à prática em matéria de investigação criminal — uma simples cópia dos discos rígidos apreendidos, sem código digital que permita certificar a integridade dos dados, deplora Jeannette Balmer, porta-voz do MPC. A análise do material pela polícia judiciária federal demonstrou que alguns dados haviam sido modificados."

Christian Eckert tinha um palpite. Afinal de contas, os suíços talvez tivessem razão, já que, por um motivo oportunista, alguns nomes poderiam ter sido suprimidos. Por exemplo, para agradar ao poder sarkozysta. Não é verdade que Éric de Montgolfier viu a ficha de Jean-Charles Marchiani volatilizar-se em plena reunião com Michèle Alliot-Marie, na época ministra da Justiça?

Eckert solicita a lista do HSBC a Bernard Cazeneuve, ministro da Fazenda na época. Ele discute com os funcionários

V – O deputado

do Orçamento, sem a presença dos ministros e dos membros do gabinete, verifica os e-mails enviados sobre o dossiê, as notas internas, incluindo as confidenciais. Ele analisa atentamente, rabisca, copia, memoriza...

Um trabalho em tempo integral. "Em total liberdade", sublinha.

Christian Eckert quer avançar rapidamente, então fica na cola de seus administradores. Redige sem parar. O resultado é um relatório exemplar, entregue à presidência da Assembleia Nacional em 10 de julho de 2013, de uma precisão rara; na realidade, uma verdadeira investigação jornalística que ainda mantém sua atualidade.

Posicionando-se a certa distância, o secretário de Estado do Orçamento expõe sua principal certeza: "No âmbito fiscal", garante-nos ele, "nossa tarefa foi cumprida. Não houve supressão de nomes por interesses políticos. Se o nome de Patrice de Maistre não consta das listas utilizadas pelo fisco, por exemplo, é simplesmente porque sua conta não apresentava saldo positivo e, portanto, não tinha interesse para o Tesouro. No âmbito judicial, são outros quinhentos..."

De fato, houve realmente um inquérito sobre o patrimônio de Patrice de Maistre.

Mas um inquérito bastante superficial.

Na quinta-feira, 18 de abril de 2013, a seção de investigações da *gendarmerie* de Paris, representada por Michel Maes, procurador-adjunto de Paris, entrega um relatório final sobre "o caso" P. de Maistre.

Na conclusão desse documento, em que os gendarmes passam um pente-fino no imponente patrimônio daquele que declara como profissão "auditor-contador", este é isentado de irregularidades nos seguintes termos: "A análise realizada no período de 1/1/2005 a 31/12/2007 de diferentes contas bancárias não revelou movimentação que, aparentemente, estivesse vinculada ao banco HSBC PB de Genebra." Tal investigação não se interessou pelo histórico da conta, nem por eventuais saques em líquido, tampouco por possíveis "contas fantasma"... Assim, os gendarmes chegavam logicamente a esta conclusão: "O resultado das investigações e as informações bancárias, oriundos do banco de dados do HSBC PB [...] não permitem colocar em evidência operações de natureza a caracterizar uma infração de direito comum."

Patrice de Maistre é, desse modo, inocentado. *In extremis*. Com efeito, o Ministério Público — depois de ter mantido, durante muito tempo, o dossiê HSBC no estágio de simples inquérito preliminar — decidiu finalmente abrir uma informação judicial: o caso será confiado, cinco dias depois desse último relatório final, a juízes independentes...

Se o fisco efetuou sua tarefa com uma celeridade louvável, mobilizando todo o pessoal possível da Direction nationale de vérification des situations fiscales [Direção Nacional de Auditoria das Situações Fiscais] (DNVSF), ou seja, dezenas de funcionários da área tributária, será necessário esperar o dia 23 de abril de 2013 — isto é, quatro anos após a abertura do inquérito preliminar em Nice — para que um juiz de instrução seja enfim indicado para elaborar uma informação judicial visando o HSBC!

"O processo foi deliberadamente brecado, essa é a minha sensação, mas não detenho nenhuma prova", garante Christian Eckert.

Tal "sensação", justamente, transparece de maneira bastante clara em seu relatório de informação. E no momento da

V – O deputado

discussão na Comissão das Finanças, subsequente à apresentação de seu minucioso trabalho, alguns colegas manifestam uma intensa reação emocional. À semelhança de Sandrine Mazetier, deputada socialista: "É lógico que a administração fiscal manifeste interesse pelas contas do HSBC com fundos e não pelas outras", diz ela, "mas tal fato não explica o motivo pelo qual a justiça, por sua vez, não manifestou interesse pelas contas com saldo devedor, as quais fazem pressupor que tenha transitado dinheiro por aí." O mesmo tipo de observação faz Henri Emmanuelli, deputado socialista e ex-secretário de Estado do Orçamento: "Seria possível perguntar à ministra da Justiça por que demorou tanto tempo para acionar a máquina judicial?", clama ele com veemência.

Duas perguntas bem criteriosas que permaneceram sem resposta. Nunca chegou a ser dada qualquer explicação, por via oficial.

Para Christian Eckert, não há nenhuma dúvida de que "houve claramente uma retenção de natureza política. Eles tiveram de colocar o pé no freio porque o poder de investigação da justiça é muito maior". Ela poderia, por exemplo, ter dado provimento aos pedidos de perquisição da alfândega judiciária, além de se debruçar um pouco mais sobre o histórico da conta de Patrice de Maistre ou sobre outros titulares de contas sem fundos ou com saldo devedor. Ela poderia ter também empreendido uma investigação mais meticulosa a respeito das dezenas de gerentes de contas, assalariados do HSBC PB, detentores de milhões de euros. A menos que alguém venha a supor que eles eram incrivelmente competentes e, portanto, extraordinariamente bem pagos pelo banco, impõe-se esta única questão: tais gerentes não seriam simplesmente testas de ferro, laranjas de personalidades que desejam manter o anonimato? "Isso me parece evidente", eis o que pensa atualmente Christian Eckert.

Seu relatório terá, assim, o imenso mérito de elucidar as zonas de sombra e projetar luz sobre setores "esquecidos" pelos investigadores. Em sua síntese, Eckert é ainda mais incisivo e sugere uma pista de reflexão: "No âmbito judicial, o relator-geral manifesta sua surpresa pelo fato de que o dossiê HSBC tenha sido transferido de Nice para Paris, no final do ano de 2010, a pedido, segundo parece, das autoridades nacionais. Ele questiona-se acerca da demora constatada antes que o Ministério Público de Paris decida abrir, no final de abril de 2013, uma informação judicial."

Por "autoridades nacionais", será que se deve pensar em Claude Guéant, na época onipotente secretário-geral do Palácio do Eliseu, e em Patrick Ouart, conselheiro para a justiça de Nicolas Sarkozy? Esses dois homens constituíam a guarda judicial do presidente da República, eram os desativadores dos casos mais delicados, verdadeiros peritos na arte de circunscrever os incêndios judiciais ou, pelo contrário, de exumar processos explosivos. Os ministros da Justiça de então — Michèle Alliot-Marie e seu sucessor, Michel Mercier (a partir de novembro de 2010) — nunca tiveram liberdade para tomar a mínima iniciativa.

Aliás, eles nunca chegaram a fazer qualquer exigência nesse sentido...

Em seu relatório, Eckert abordava esse aspecto com toda a franqueza: "Nada, ou quase nada, aconteceu no âmbito judicial. Tal inércia pode suscitar legitimamente indagações tanto mais que a justiça dispõe de recursos de investigação muito mais poderosos que os da administração fiscal."

V – O deputado

Além disso, em sua síntese, o relator-geral mostra-se bem clarividente em relação à eventual manipulação dos arquivos, denunciada pelos suíços: "Resta ao relator-geral invalidar a afirmação segundo a qual teriam sido suprimidos os nomes de alguns contribuintes." E sublinha que a administração fiscal indicou-lhe o seguinte: "Os dados que figuram nos DVDs-ROM transmitidos à DNEF em dezembro de 2008 e aqueles extraídos do disco rígido do computador [de Falciani] no termo da perquisição eram estritamente idênticos." Reconstituídos por dois circuitos distintos — por um lado, os especialistas da *gendarmerie* e, por outro, o fisco —, os dados apresentam similitude em todos os pontos. No total, são identificadas 127.311 pessoas, de todas as nacionalidades. Eckert avalia em 5 bilhões de dólares os ativos dos 2.846 clientes franceses finalmente detectados pelo fisco. Entre eles, apenas seis tinham declarado a Bercy, em conformidade com a lei, as contas de que eram titulares na Suíça.

Para chegar a esse número de 2.846 clientes franceses, o fisco limitou-se a remover da lista as duplicatas, as contas sem fundos ou com saldo devedor, os franceses domiciliados fora do Hexágono... Portanto, insiste o relator-geral, "é falso afirmar que a administração fiscal teria suprimido mais de 6 mil nomes dessa lista". Azar para os adeptos da conspiração e do complô. Mesmo que, uma vez mais, tivesse sido sem dúvida desejável mostrar interesse pelas contas sem fundos e com saldo devedor...

A conclusão do relatório é inequívoca: esse *affair* pôs em evidência, segundo Eckert, "o modo de funcionamento" do HSBC, "baseado amplamente na compartimentalização e na dissimulação".

A França foi a única nação que permitiu um trabalho de investigação oficial dessa amplitude. Desde a revelação do SwissLeaks, dezenas de países procuraram estabelecer relações com Bercy para obter a lista dos respectivos exilados fiscais. A Administração transmite-lhes esse material com viva satisfação, tanto mais que o Conselho de Estado, em 19 de abril de 2010, rejeitou um recurso do HSBC que pretendia bloquear esse modo de funcionamento no plano internacional.

O HSBC tem motivos legítimos para se inquietar.

Christian Eckert cumpriu seu papel. E chegou mesmo a reconciliar-se, ocasionalmente, com Éric Woerth. Este, na Comissão das Finanças, regozijou-se com esse relatório "abrangente", que excluía, com efeito, qualquer manipulação das listas. E insistiu: "Essa lista nunca foi modificada. Um ministro não é alguém que se preste a fazer trabalho sujo! Nossas relações diplomáticas com a Suíça viraram pó e todas as ameaças que os senhores possam imaginar foram proferidas. Essas questões são bastante perigosas. E acabamos sendo caluniados porque tivemos de enfrentar indivíduos cujo único interesse é dinheiro, e dispostos a tudo para se defender."

Éric Woerth, dessa vez, na ofensiva!

Muito menos convincente quando se trata de explicar o imobilismo judicial, justificando tal atitude em decorrência das relações bastante tensas entre o procurador Montgolfier e sua hierarquia.

Daí em diante, Woerth, ao encontrar-se com o relator, estende-lhe a mão. E Christian Eckert aceita entrar no jogo e chega a mostrar surpresa por considerá-lo, atualmente, "pertinente" em suas intervenções. A investigação de Eckert terá implicado incontestavelmente consequências inesperadas.

V – O deputado

Essa é, portanto, a situação em julho de 2013. As listas são validadas, a justiça começa finalmente seu trabalho, as auditorias mantêm uma cadência razoável, o relatório Eckert deu uma publicidade auspiciosa a essa história... Mas tudo continua ocorrendo entre iniciados. O *affair* não adquire real visibilidade no âmbito midiático, salvo alguns artigos esporádicos.

Com efeito, ainda falta a colaboração de alguém.

A da Fonte.

VI

A Fonte

Manhã de inverno, o telefone toca.

O primeiro contato com a Fonte remonta ao começo de janeiro de 2014. Um telefonema um tanto ao acaso, no decorrer de nossa pesquisa sobre o HSBC. Uma das linhas que lançamos na expectativa, sem acreditar demais nisso, de pescar um "peixe grande", o tipo de presa que é o sonho de qualquer jornalista. Tínhamos a sensação, nessa época, de patinar em nossas investigações, iniciadas já havia quase cinco anos.

Com os primeiros artigos, em 2009, e ainda outros, nos anos seguintes, à medida de nossos achados — bastante modestos, convém reconhecê-lo — e das matérias publicadas pelos confrades, do inquérito instaurado pela justiça niceense e, em seguida, parisiense...

No verão de 2013, tínhamos a vaga sensação de estarmos em um impasse. Empacados, sem nada de novo. Procurávamos obter informações suplementares, marcávamos encontros com políticos, mas também com investigadores, aduaneiros, gendarmes, policiais, magistrados... Na verdade, carecíamos de elementos tangíveis. A começar, evidentemente, por essa famosa lista de nomes.

De fato, a situação do HSBC não era assim tão ruim.

No que se refere à diretoria do banco, eles batem na madeira, como é demonstrado pelos relatórios do comitê executivo do HSBC, aos quais tivemos acesso. As perdas são avaliadas, friamente, pelos diferentes diretores, que se servem de todos os macetes do *lobbying* para evitar a propagação da epidemia. Tem de ser impedida a divulgação dos nomes, assim como a denúncia dos sonegadores; além disso, não convém de modo algum que as práticas inconfessáveis do banco chamem demais a atenção.

Na verdade, estávamos à procura de uma nova fonte de informações, totalmente confiável, é claro, mas sobretudo abarrotada de segredos para compartilhar e, se possível, pouco exigente. Uma espécie de santo graal, em parte semelhante ao que ocorre, em *Moby Dick*, com o capitão Ahab e sua baleia, para continuar utilizando a metáfora haliêutica.

Recrutar uma fonte é um exercício delicado.

Tal operação exige muito tato, leva um tempo considerável, necessita de paciência e perseverança, que às vezes beiram o estoicismo. Diante do risco de desânimo, o qual deve ser no mínimo evitado, cientes de que 99% das tentativas de abordagem estão fadadas ao fracasso. Mas estamos sempre prontos para tentar a sorte, impelidos pela expectativa (um pouco) e pela rotina (em demasia).

Afinal de contas, Watergate não é um caso isolado.

Conseguimos obter o número de telefone profissional de uma pessoa a respeito da qual tivemos o pressentimento de que, por seu intermédio, obteríamos elementos para avançar em nossa investigação. Como vimos nos capítulos pre-

VI – A Fonte

cedentes, numerosos investigadores, políticos, funcionários foram levados a conhecer esse dossiê, tiveram a ocasião de consultar as listas, multiplicaram os relatórios, enviaram grande quantidade de e-mails... Deveria existir alguém disposto a nos dar uma ajuda. Mas a discrição era um óbice quase intransponível; portanto, não acalentávamos ilusões excessivas. Aliás, o número dessa pessoa estaria ainda em uso? Seria ela detentora realmente de informações importantes? Acima de tudo, qual seria seu interesse em falar conosco?

Curiosamente, a acolhida foi encorajadora. No outro lado da linha, uma voz bem resoluta, mas cordial. A pista talvez fosse proveitosa, afinal de contas...

De qualquer modo, tivemos certeza de que essa pessoa — tendo chamado, apesar de tudo, nossa atenção — estaria em condições de elucidar nossas investigações. Com base na experiência, sente-se quando um contato parece ter um alto potencial, disposto a colaborar. Essa pessoa detinha, no mínimo, uma ampla informação sobre o mundo das finanças internacionais, seus modos de funcionamento, suas artimanhas. Conseguimos convencê-la a nos fornecer seu número de celular, abre-te-sésamo indispensável para qualquer investigação.

A conversa foi bem curta: a eventual fonte desconfiava do telefone e, para dizer a verdade, não seríamos nós os primeiros a contestá-la!

A imprensa não tinha cessado de repetir, nos últimos anos, nossas desventuras. Com efeito, ficou comprovado que, em várias circunstâncias, nossas ligações haviam sido interceptadas por magistrados ou policiais, na maior parte das vezes próximos da Sarkozylândia... Nosso caso não melhorou realmente no decorrer do ano de 2014, visto que fomos sucessivamente ameaçados de morte, seguidos e espionados em nossas viagens, apontados ao repúdio público como "colaboradores" do poder socialista, antes que nossos encontros profissionais tivessem sido denunciados em manchete da *Valeurs actuelles*, uma "revista" que serve de passarela entre a direita e a extrema direita! Método deplorável, mas eficaz: daí em diante, algumas fontes deixaram de nos responder. Aliás, várias pessoas — entre as quais alguns deputados e até o presidente da Ordem dos Advogados de Paris — apresentaram queixa contra nós, entre outras razões, por violação do sigilo da instrução e por receptação. Sigilo ao qual não estamos submetidos, enquanto jornalistas, mas pouco importa: ainda nesse aspecto, a consequência desse tipo de método é amedrontar as fontes. Tais queixas não são feitas para chegar a seu termo — de fato, elas nunca dão nenhum, ou quase nenhum, resultado —, mas para intimidar.

Em compensação, desde então temos sido escoltados por policiais do Service de la protection (SDLP), sem que tivéssemos formulado tal solicitação, é claro, mas os riscos são reais. No jornal, recebemos embalagens com balas, com substâncias explosivas e, em casa, cartas com ameaças explícitas visando também nossos familiares, um caixão...

Em suma, nesse contexto, o fato de conservar e, *a fortiori*, recrutar fontes passa a ser um verdadeiro milagre.

De qualquer modo, a pessoa com quem falamos ao telefone, nessa manhã, estava pronta a correr o risco de marcar um encontro conosco. Sublinhando, no entanto, ser incapaz de nos fazer qualquer promessa. Não importava, o contato parecia merecer confiança; tínhamos fisgado a cobiçada presa potencial. Único inconveniente: a eventual fonte não estava, no momento, em Paris. Seria necessário, então, deslo-

VI – A Fonte

car-se. Longe. E assim emergiu inevitavelmente "a" pergunta: fazer ou não tal viagem?

Vencer a preguiça natural ou abandonar essa ocasião. Continuar procurando ou contentar-se com o material já conhecido.

Na maior parte das vezes, os encontros desse tipo criam grandes expectativas, mas a decepção acaba sendo ainda maior, e arrependemo-nos amargamente por ter perdido tempo, jurando para nós mesmos evitar cair de novo na arapuca, deixar de fazer papel de bobo. Até a próxima vez. À semelhança dos viciados no jogo que são incapazes de resistir a fazer uma nova aposta, sabendo pertinentemente que, na prática, não têm a mínima chance de ganhar. Os policiais, para designar essa determinação em examinar cada hipótese, verificar todas as pistas, mesmo as mais fantasiosas, servem-se da expressão "fechar uma porta".

Então, sem grande convicção, resolvemos fazer essa viagem. Depois do trajeto aéreo, pegamos um táxi. Um tanto contrafeitos, convém confessá-lo, porque estávamos prestes justamente a publicar novas informações sobre o caso HSBC, experimentando certa impaciência e estresse... Com efeito, durante as festas do final do ano, tínhamos recuperado elementos oriundos do processo judicial e, nessa ocasião, obtivemos uma primeira lista: a dos contribuintes franceses cujos dossiês eram analisados pelos gendarmes que, por sua vez, haviam sido expedidos pelos juízes de instrução parisienses encarregados do caso. Mas as informações coletadas, embora bastante valiosas, pareciam-nos fragmentadas, insuficientes para compreender todas as facetas do sistema.

Desse modo, acalentávamos a expectativa de que nossa possível fonte estivesse em condições de completar o quebra-cabeça ou, no mínimo, fornecer-nos peças que ainda faltavam.

O primeiro encontro aconteceu em um restaurante discreto. Nesse dia, no decorrer de uma simples refeição, estabeleceu-se um bom relacionamento. Em duas horas, fez-se a aferição mútua. Nossa futura fonte talvez tenha detectado nossa avidez por informação, nossa paixão pela ética e, até, nosso não conformismo. Ou, a um só tempo, esses três aspectos. Seja como for, tivemos a sensação de sermos capazes de criar um vínculo proveitoso.

Esse almoço constituiu um ponto de partida bastante promissor, de tal modo a pessoa à nossa frente parecia preencher os critérios da fonte adequada: uma mina de informações confiável e exclusiva. Aprendemos muito a respeito das práticas de alguns bancos em matéria de lavagem de dinheiro, as investigações em curso, passadas, vindouras... E, depois, algumas das informações que estávamos prestes a publicar foram confirmadas, nossas intuições, consolidadas...

Fomos embora convencidos da seriedade da fonte e, sobretudo, de seu potencial inexplorado. E não deixamos de combinar um novo encontro. Então, no caminho de volta, comentamos que conviria atribuir a ela um apelido.

Damos sempre apelidos a nossos principais interlocutores.

Às vezes idiotas ("Steak"), frequentemente incompreensíveis ("Perp")... No caso, não estávamos muito inspirados, então procuramos simplificar a operação. Uma piscadela em forma de homenagem. Pensamos no nosso filme de cabeceira, *Todos os homens do presidente*, que legou à posteridade o informante dos jornalistas do *Washington Post*, com seu apelido inesquecível, Deep Throat (Garganta Profunda), referência divertida a um filme pornográfico emblemático da década de 1970. E, como "Garganta Profunda" já tinha sido utilizado e era mesmo assim demasiado longo, resolvemos limitar-nos às suas iniciais, "GP". Falta de originalidade? Nem tanto, mas fácil de lembrar!

E, ainda por cima, é agradável ao ouvido: "Gêpê".

Nossa percepção era que GP tinha muito mais a oferecer. Mas ele havia mantido certa reserva, por ocasião dessa primeira conversa, como se ainda fosse necessário lisonjeá-lo, convencê-lo, dar garantias... Por seu jeito de eludir determinadas perguntas, de responder às vezes por subentendidos, por seu sorriso enigmático...

Em suma, a sensação difusa de que deveríamos dar provas de nossa capacidade.

Mas de que modo?

Sem delongas, obtivemos a resposta. De fato, ela seria dada por nós mesmos, sem que estivéssemos conscientes disso, pelo menos no momento em que ocorreu nossa ação.

Cerca de três semanas depois, publicamos duas páginas no *Le Monde* relatando a verdadeira história das listas do HSBC, sob o título: "Evasão fiscal: a investigação explosiva sobre as listas do HSBC." Eis o início do artigo principal, publicado na edição datada de terça-feira, 28 de janeiro de 2014[20]: "Um romance de espionagem, uma disputa diplomática e, sobretudo, um bom expediente para aumentar a arrecadação do Estado francês. O caso HSBC é tudo isso, e ainda mais, com seu quinhão de intervenções, pressões e ingerências do poder político. Com efeito, nomes de personalidades importantes, advogados, empresários, vedetes do *showbiz*

---

20 Vale lembrar que a distribuição do *Le Monde* ocorre, à tarde, na véspera do dia indicado no cabeçalho.

estão ocultos nessa lista de potenciais sonegadores fiscais, titulares de uma conta na filial suíça do banco britânico HSBC em Genebra. Alguns deles são revelados hoje pelo *Le Monde*, enquanto outros ainda estão sob investigação."

Ao recuperarmos, algumas semanas antes, a lista dos contribuintes franceses do HSBC, tivemos de decidir, em comum acordo com a diretoria da redação, acerca de nossa linha de conduta. Chegou-se rapidamente à unanimidade sobre o *modus operandi*. Estava fora de questão, é claro, adotar o *name dropping*, a saber: publicar o máximo de nomes com o único objetivo de dar o que falar. Ao mesmo tempo, teria sido também aberrante deixar de citar nem que fosse um nome. E por que não? Fraudar o fisco — nunca será exagero repetir — é crime. E, de qualquer modo, explicar o motivo pelo qual determinado personagem optou por aplicar seu dinheiro na Suíça é uma informação, no sentido original do termo. Mesmo que, posteriormente, ele tenha regularizado sua situação.

Decidimos, portanto, evocar os nomes de personalidades cuja presença nessa lista fazia sentido e cuja revelação nos parecia ser de interesse público. Estava fora de questão, evidentemente, estigmatizar quem quer que fosse, tanto mais que os casos eram realmente díspares. Como comparar o caso do jogador de futebol Christian Karembeu — residente na Suíça na época dos fatos e, por conseguinte, autorizado a ter uma conta no HSBC Private Bank — com o das numerosas pessoas de confissão judaica cujos pais, ao fugirem da perseguição nazista, tinham deixado seus ativos sob proteção, ou, ainda, com o dos protagonistas do caso Elf (André Tarallo, Alfred Sirven, André Guelfi...), cujas malversações financeiras tinham sido divulgadas pela justiça?

VI – A Fonte

A citação de todos esses nomes fazia sentido; no entanto, tal sentido era diferente, dependendo da situação de cada um deles...

No decorrer da primeira semana de fevereiro de 2014, alguns dias após a publicação da página dupla dedicada ao *affair* HSBC, bem no final da tarde, quando estávamos ambos — milagrosamente — no jornal, quase vazio a essa hora, recebemos uma chamada.

No outro lado da linha, GP!

Ele explica que não está longe do boulevard Blanqui, sede do *Le Monde*, no XIII *arrondissement* de Paris, e propõe fazer-nos uma visita. Intrigados, descemos para acolher nosso hóspede. O que faz GP em Paris? É impossível que nossa fonte tenha vindo por acaso... Instalamo-nos no quinto andar, em um canto que nos serve de escritório, atulhado de pilhas de documentos, confidenciais ou não, de livros que temos a firme intenção de ler assim que nos sobrar um tempinho (isto é, nunca), de notificações da justiça, de cartas de leitores, irritados ou não...

A Fonte respira com certa dificuldade: atravessou Paris a pé, a pretexto de tomar ar fresco. E também para driblar qualquer tentativa de segui-la. Mal tivemos tempo para falar as banalidades de costume quando GP, sem que nada lhe tenha sido solicitado, tira do bolso um pequeno objeto, colocando-o negligentemente à nossa frente, em cima de uma pilha de antigos exemplares do *L'Équipe*...

Trata-se de um pen drive, minúsculo, de cor vermelha. Olhamo-nos de soslaio, ligeiramente aturdidos. Por ocasião de nosso primeiro encontro, tínhamos evidentemente tentado a sorte. Chegamos a perguntar a GP se ele teria a possibilidade de nos fornecer documentos, dossiês, anotações, algo de concreto. É que, essa havia sido nossa justificativa, pretendíamos dar a informação mais fidedigna possível.

Em vão.

De forma amável, ele tinha nos mandado às favas. Entendemos perfeitamente que era inútil insistir. E agora, nesse final da tarde, GP chegava, sem avisar, com um pen drive. Tais objetos são um bom sinal. Em geral, eles contêm documentos. Apreciamos demais trabalhar com base em documentos: eis o que dá tranquilidade aos angustiados crônicos que somos.

Sem demora, inserimos o pen drive em um de nossos velhos computadores, sob o olhar aprovador de GP. Ruído surdo e contínuo da máquina. Aparição do ícone na tela. Damos dois cliques em um dossiê. E vemos desfilar, sob nossos olhos embasbacados, um volume alucinante de dados. Sobrenomes, endereços, números de contas...

Na verdade, as listas completas do HSBC.

Dezenas de países.

Cerca de 110 mil nomes de sonegadores potenciais.

A correspondência secreta com seus gerentes de contas no HSBC, registrada por escrito. Dezenas de bilhões de dólares em jogo.

Ahab tinha apanhado a baleia.

Para sermos francos, tínhamos dificuldade em acreditar no que víamos. Então, convidamos GP para tomar um chope. Precisávamos compreender o que se passava.

Com serenidade, ele explicou toda a sua trajetória. Disse-nos que era um de nossos fiéis leitores, havia vários anos; em geral, apreciava nosso trabalho de investigação. Certamente, não somos os únicos em Paris; mas, na França, o *Le Monde* continua sendo o jornal de referência. E ele tinha gostado, em particular, dos diferentes artigos que, em 28 de janeiro,

VI – A Fonte

havíamos dedicado à história do HSBC. Tinha a sensação, contou, de lidar com profissionais em quem podia depositar confiança. Mas, em sua opinião, tínhamos tido acesso apenas à parte visível do escândalo, e ele pretendia nos fornecer agora os meios de obter o resto. De modo a "mandar pelos ares o sistema inteiro", para retomar sua expressão. De fato, ele estava testando nosso trabalho: tivemos a coragem de publicar nomes de sonegadores potenciais, deixar a descoberto um sistema, portanto, de correr riscos, sem pisar na bola.

À nossa revelia, chegamos a convencer nossa fonte a nos confiar esse tesouro, a respeito do qual ignorávamos inclusive que estivesse em seu poder!

Nosso caloroso agradecimento a GP por esse famoso dia de graça para o jornalismo. Mas, com toda a franqueza, nossa situação está complicada. Acabamos de trabalhar sobre cerca de 3 mil nomes franceses, beirando já o *burn-out*. Como será possível debruçar-nos sobre mais de duzentos países? Esse pen drive tem toda a aparência de um presente envenenado.

Estamos à beira de um abismo — mesmo que não nos falte vontade de mergulhar nele.

GP foi embora tão repentinamente quanto apareceu, deixando-nos com nossas indagações. Sentimo-nos, ao mesmo tempo, estimulados e paralisados, submersos nesse volume de informações que, de chofre, fica à nossa disposição. Mas esse já não é o problema de nossa fonte.

Sua atitude desperta nossa admiração. Ela arriscou sua reputação, sua carreira, talvez sua vida, para fazer triunfar a verdade. Um vazador de dados, como se diz hoje em dia. Evidentemente, voltamos a encontrá-la. GP nunca falhou conosco, nem nos induziu a erro. Relacionamento cristalino, sem contrapartida. Tampouco financeira, é óbvio.

Para nós, trata-se de uma evidência, mas nunca nos cansaremos de lembrar o seguinte: é simplesmente inconcebível remunerar uma fonte. Pagar, nem que seja um euro, para obter uma informação, por mais potencialmente explosiva que ela possa ser, é inaceitável.

A única promessa que fazemos a nossos informantes é proteger seu anonimato. A fonte na origem do SwissLeaks permanecerá reduzida a estas duas iniciais: GP. Seu nome nunca será revelado, a não ser, é claro, que um dia ela manifeste o desejo de dar-se a conhecer.

Mas essa pessoa vale 180 bilhões de euros.

Por seu intermédio, até a Suíça, mediante um assombroso haraquiri político, acabou abrindo um inquérito sobre suas próprias práticas bancárias.

Nunca se viu coisa igual. GP pode dar-se por satisfeito: cumprimos nossa parte do contrato.

O sistema acabou efetivamente por implodir.

Graças, também, a um grupo de repórteres internacionais fissurados no mesmo objetivo e liderados por um jornalista experiente.

Gerard Ryle.

VII

O jornalista

Figura impressionante.

Entre brigão e sedutor, ríspido sem brutalidade, ele gasta seu tempo em viagens aéreas, faz malabarismos com os fusos horários. Tem a reputação de ser investigador meticuloso, exibe uma trajetória sobremaneira atípica e fala um inglês às vezes difícil de decifrar em decorrência de um sotaque bem carregado, à imagem de seu percurso: tendo nascido na Irlanda do Norte, Gerard Ryle passou a maior parte de sua carreira de jornalista investigativo na Austrália, território em que revelou, em particular, um grande escândalo — o dossiê Firepower, envolvendo o governo —, antes de se estabelecer nos Estados Unidos.

Com os cabelos espetados e um sorriso enigmático, Ryle é um personagem importante do caso SwissLeaks, um dos oito homens e mulheres sem os quais nada teria acontecido.

Ele é um passador de informações.

Um vazador de dados, um lançador de alertas — assim mesmo, no plural —, um profissional do furo.

Com efeito, esse cinquentão de cabelos grisalhos, jornalista reconhecido, auxiliado por sua pequena equipe, sediada em Washington, é que deu envergadura mundial à nossa investigação.

No final de 2008, momento em que é desencadeado o *affair* HSBC, nada prenunciava que Ryle viesse a debruçar-se sobre os segredos inconfessáveis do banco britânico. Nem que fosse do ponto de vista geográfico, ele estava bem longe disso. Na época, Ryle é de fato um jornalista vedete na Austrália. Um investigador temido que, em intervalos regulares, vai exumando escândalos retumbantes. Mas ele começa a se sentir cansado. Contratempos, frustrações, ameaças jurídicas em demasia... As leis australianas são bastante restritivas.

Excessivamente.

Pelo menos para Ryle, que não aguenta mais ser obrigado a descartar informações exclusivas sobre assuntos delicados.

Então, em 2011, ele vai para os Estados Unidos, santuário — pelo menos é o que ele imagina — da liberdade de expressão. A aventura é tanto mais estimulante que ele se torna líder de um consórcio de jornalistas investigativos: o ICIJ, sigla de International Consortium of Investigative Journalists, uma estrutura flexível, dotada de um orçamento de 1 milhão de dólares.

Em Washington, Ryle — que raramente abandona sua seriedade e mostra uma elegância natural ao usar gravata quando isso é exigido pelas circunstâncias — conduz seus colaboradores com uma mistura de firmeza e diplomacia, dissimulando com brilho seu estresse... Claramente, nosso antirretrato. À noite, ele volta a encontrar sua modesta residência do bairro *hype* de Georgetown, sua esposa e seu gato. Não, na certa, não tínhamos sido feitos absolutamente para nos encontrar e, ainda menos, para trabalharmos juntos.

VII – O jornalista

Apesar de tudo isso...

Nesse mês de fevereiro de 2014, atravessávamos um período bem esquisito. A visita inesperada de GP, a fonte por excelência, teve de fato o efeito de nos desestabilizar. Ao nos confiar esse minúsculo pen drive, o peso de nossa responsabilidade é insuspeito. Para começar, não sabemos de jeito nenhum como vamos utilizá-lo. Colocá-lo sob proteção? Com certeza, mas deve permanecer facilmente acessível para sermos capazes de trabalhar a partir de seu conteúdo. Deveríamos fazer uma e até várias duplicatas? Eis o que seria mais prudente; no entanto, ao mesmo tempo, cada cópia decuplica as possibilidades de seu roubo ou simplesmente de sua perda. Durante um momento, reina a hesitação. Por fim, decidimos não duplicá-lo, de qualquer modo não de imediato, pelo fato de isso nos parecer menos arriscado. Será guardado ora por um, ora por outro, cada um deixando-o sempre em um bolso da calça. Portanto, continuamente conosco.

Opção idiota, é evidente.

Alguns dias depois, um de nós terá de voltar para casa a toda a pressa, no final da manhã, ao lembrar-se de repente que, na noite da véspera, colocou o jeans na cesta de roupa suja. É claro, sem ter retirado o pen drive do bolso. Retorna ao apartamento, com o coração palpitante e xingando-se. Depois o susto, ao descobrir a cesta vazia e a roupa no tambor... E o alívio indizível ao constatar que a máquina ainda não foi ligada.

Outra peripécia no percurso do SwissLeaks, mesmo assim...

Constrangido, o desastrado vai esperar alguns meses antes de relatar a história a seu companheiro, mas tomará a decisão, no dia seguinte, de fazer uma cópia desse pen drive!

Daí em diante, cada um terá o seu, limitando consideravelmente os riscos.

Tendo deixado os dados sob proteção, impõe-se a decisão de começar sua perícia. Com uma pergunta em mente, antes mesmo de encarar as investigações sobre o fundo: essas listas serão autênticas? É claro que depositamos total confiança em nossa fonte. Além disso, temos certeza de que GP não tem objetivamente nenhum interesse em armar-nos uma cilada. Mas tudo isso é insuficiente. Desde o início de nossa carreira, vivemos na obsessão permanente de dar um fora. A grande mancada que nunca irá descolar de nossa imagem pelo resto da vida. No caso, o pior seria, sem dúvida, dar crédito a um documento falso.

O pesadelo absoluto.

O jornalismo investigativo é um procedimento que não cessa de correr riscos, além de ser a arte de limitá-los na medida do possível. Algo do equilibrismo — ou, de preferência, do funambulismo —, porque o mínimo descuido pode revelar-se fatal. E essa competência não é ensinada nos compêndios de jornalismo. Aliás, ela não se aprende. Ou então na prática, mistura de experiência e intuição...

Desse modo, aplicamos uma regra bastante simples: na dúvida, abstemo-nos de publicar. Um princípio de precaução que nos privou de alguns furos famosos. Às vezes, temos pecado talvez por excesso de prudência.

Além disso, essas listas de titulares de contas não declaradas fazem vir à tona uma história sombria: o caso Clearstream, no qual, uma década atrás, parte da imprensa embarcou ao dar crédito levianamente a listas cujo conteúdo — após averiguação posterior — havia sido conscientemente falsificado. De maneira indevida, numerosas personalidades foram consideradas titulares de contas dissimuladas com a cumplicidade ativa de uma Câmara de Compensação Luxemburguesa. Tal manipulação, que destruiu de repente a carreira política de Dominique de Villepin[21] — suspeito de ter tentado tirar partido do caso para eliminar seu rival, Nicolas Sarkozy —, por pouco não arruinou a do célebre juiz Renaud Van Ruymbeke, que escapou por um triz dessa cilada. Aliás, esse magistrado seria encarregado, quase dez anos depois — pelo menos, no seu início — do dossiê... HSBC!

Em suma, estamos determinados a redobrar nossa vigilância em relação a essas listas de nomes que é uma batata quente em nossas mãos. Ou melhor, para nossos olhos. De fato, tomar conhecimento dessa quantidade de dados na tela de um computador é, no mínimo, desconfortável. Passamos algumas noites a avaliá-los. Tomamos também a iniciativa de imprimi-los. Decisão desastrosa: uma das impressoras do jornal acabou pifando! Erramos nossa avaliação acerca da amplitude, em todos os sentidos do termo, das informações contidas no pen drive...

Decidimos, então, mergulhar novamente nas nossas outras investigações, um pouco como se joga a poeira para debaixo do tapete. Tendo computadorizado esses dados em lugar seguro, a atualidade volta à tona. As escutas telefô-

---

21 Diplomata de carreira e político francês, ficou conhecido internacionalmente por se opor na ONU, como ministro das Relações Exteriores, à invasão do Iraque em 2003, e por sua ascensão ao posto de premiê (2005-2007). O caso Clearstream veio a público no primeiro trimestre de 2006 e inseriu-se no contexto de candidatura para as eleições presidenciais de 2007; nessa época, o ministro do Interior e seu principal adversário era, precisamente, Nicolas Sarkozy.

nicas de Nicolas Sarkozy[22], o Kazakhgate[23], o caso Tapie[24], Bygmalion[25], sem contar um livro dedicado a esses casos que pretendíamos lançar em setembro de 2014... Estamos muito ocupados. Em demasia para analisar com seriedade o conteúdo desse pen drive.

O caso poderia ter ficado por aí.

Nunca ninguém teria ouvido falar de SwissLeaks.

Mas esse minúsculo objeto de cor vermelha continua nos assombrando. E, além do mais, a diretoria da redação do *Le Monde*, a quem anunciamos ter fisgado "caça grossa" sobre o dossiê HSBC, acabará por nos pedir... contas!

É necessário, como ocorre frequentemente, que um de nós tome as rédeas da situação. Há sempre um que vai dar corda ao outro, acomodá-lo às conveniências, corrigi-lo, incentivá-lo. Ou motivá-lo. Então, à semelhança do que se passa em cada momento crítico, uma reunião de crise é organizada em nosso QG: "La Rotonde". A cervejaria de Montparnasse que já estamos acostumados a frequentar.

---

22 Em maio de 2015, a Câmara de Instrução do Tribunal de Apelação de Paris validou as escutas telefônicas entre o ex-presidente francês Nicolas Sarkozy e seu advogado, Thierry Herzog, pela suspeita de Sarkozy ter se beneficiado na Suprema Corte no "caso Bettencourt".

23 Em julho de 2015, o ex-senador sarkozysta Aymeri de Montesquiou foi interrogado sob a suspeita de ter recebido comissões ocultas em negociatas com o governo cazaque.

24 Em fevereiro de 2015, o Tribunal de Apelação de Paris anulou a arbitragem em favor de Bernard Tapie, para regularizar o litígio que o opunha ao banco francês Le Crédit lyonnais, mediante a qual o empresário havia recebido 403 milhões de euros pela venda de sua empresa Adidas. Tapie sentiu-se lesado no negócio.

25 Divulgado pela revista *Le Point*, trata-se de um caso político-financeiro referente a um sistema de falsas faturas passadas pela agência de comunicação Bygmalion, por ocasião da campanha presidencial de 2012 de Nicolas Sarkozy; o *Mediapart* revelou que o superfaturamento chegaria a 17 milhões de euros.

VII – O jornalista

Diante de uma baita costela de boi e, ao mesmo tempo, lamentando pela enésima vez que as batatas fritas não fossem propriamente "da casa", tomamos esta decisão: vamos proceder à perícia de todos os documentos relacionados à França que, em parte, já conhecemos graças ao inquérito judicial a que tivemos acesso. Também nos esforçaremos, através de nossas fontes, por autenticar, na medida do possível, a totalidade dos documentos contidos nesse pen drive. E, finalmente, tentaremos encontrar uma solução interna no jornal a fim de investigar a peça mais importante: a parte das listas referente aos titulares de contas de outras nacionalidades.

Essa última ideia logo se revela muito menos apropriada que a costela de boi. Em conversa com a diretoria da redação, temos de ceder sem delongas à evidência: informações em demasia, número insuficiente de correspondentes no exterior, carência de pessoal e, às vezes, também de interesse...

Eis que nos encontramos praticamente de volta ao ponto de partida.

Única boa notícia: ao acionar nossas diferentes redes — no âmbito judicial, policial, fiscal, político e ainda outros —, conseguimos adquirir, através de cruzamentos, pelo menos a convicção de que as listas correspondem, ponto por ponto, àquelas que foram elaboradas pela administração fiscal francesa, baseando-se nos dados surrupiados no HSBC por Hervé Falciani.

Nossa fonte não nos engabelou, nem armou uma arapuca. Reconfortante.

E encorajador.

Resta, mesmo assim, resolver a dificuldade principal: como tirar partido dos dados no plano mundial?

Para sair do impasse, a diretoria do jornal apresenta-nos esta ideia: por que não recorrer ao ICIJ, organização norte-americana sem fins lucrativos com a qual alguns de nossos colegas do *Le Monde* trabalharam com sucesso, nos meses anteriores, no contexto das operações Offshore Leaks (sobre os paraísos fiscais) e, em seguida, LuxLeaks (acerca das estratégias propostas aos clientes para pagar menos impostos em Luxemburgo)?

À primeira vista, sejamos francos, a sugestão não nos atrai; aliás, ela nos desagrada taxativamente! Não temos absolutamente nenhum *a priori* contra o ICIJ. Mas, enfim, por incrível que pareça, eis que nos recomendam oferecer nossos dados a outros meios de comunicação, quando afinal, por natureza, nossa função *é* publicar informações exclusivas... No caso tanto do Offshore Leaks quanto do LuxLeaks, as coisas se passaram de maneira bastante diferente, visto que o ICIJ é que propôs ao *Le Monde* (assim como a um grande número de outros meios de comunicação) as informações obtidas pelo próprio consórcio.

Convém lembrar o seguinte: trabalhamos no setor mais competitivo da imprensa. No decorrer do ano inteiro, o objetivo, a obsessão em si é simplesmente sermos os primeiros a revelar esta ou aquela informação com a expectativa de que ela venha a encontrar o eco mais amplo possível. Eis o que se designa como furo, e essa é precisamente nossa razão de viver. Negar tal evidência seria total hipocrisia.

Obviamente, haverá quem defenda — aliás, com toda a razão — que os jornalistas investigativos, fadados a revelar fatos de interesse geral, cumprem uma missão de utilidade pública. E que nada haveria de chocante se eles juntassem seus esforços. Beleza.

Mas eles estão também envolvidos em uma competição, inebriados pela emulação: trata-se de caçadores em busca dos troféus mais atraentes. E não estão equivocados seus empregadores ao recrutá-los com a expectativa de aumentar a visibilidade de seu veículo de comunicação e, portanto, seus ganhos. Nada de chocante em tal empreendimento, pelo contrário. Desse ponto de vista, a redação de qualquer tipo de mídia assemelha-se um pouco a um time de futebol: mesmo que seja um esporte de equipe, o bom centroavante deve ser um tanto egoísta e ficar vidrado em marcar o maior número possível de gols. No interesse da equipe. E nós somos dois centroavantes.

Espontaneamente, ficamos relutantes à ideia de colaborar com o ICIJ — e, aliás, seja lá com quem for. Solicitamos um pouco de tempo para analisar a sugestão de nossos superiores, que têm a delicadeza de nada nos impor — eles aprenderam a nos conhecer! Além disso, somos evidentemente donos de nossas informações.

Cogitamos ainda um bom momento, antes de cedermos à evidência.

O ICIJ usufrui realmente de excelente reputação. E, além do mais, temos à nossa disposição uma oportunidade única de experimentar uma nova maneira de trabalhar, de empreender uma investigação internacional sem precedentes. Finalmente, essa breve análise introspectiva nos obriga a um questionamento tão inesperado quanto salutar: por força da deformação profissional, não teríamos esquecido, no decorrer dos anos, o essencial? Não teríamos ficado obnubilados pela concorrência, obcecados pela corrida estéril atrás da informação, inebriados pelo perfume atordoante e efêmero do furo?

O fato de formular esse tipo de perguntas é já uma forma de dar-lhes resposta.

Para grande alívio da diretoria da redação, aceitamos portanto encetar a discussão com o ICIJ. Está fora de questão, é evidente, conceder um cheque em branco a pessoas completamente desconhecidas para nós. Temos necessidade de ver, "sentir" esse pessoal, antes de qualquer entendimento prévio. Funcionamos sobretudo na base do *feeling* e, para isso, nada melhor que o contato direto. De qualquer modo, está descartada a eventualidade de discutir em detalhes, por telefone, esse *affair*...

Algumas semanas depois, em maio de 2014, eis-nos portanto nos Estados Unidos. O pen drive, escondido em um estojo de toalete, possui um sistema de segurança e está criptografado. A primavera, em Washington, é a estação mais agradável, um friozinho, sol...

Subimos ao segundo andar de um edifício situado na rua 17, a algumas centenas de metros da Casa Branca. A dois passos, fica a rua dos lobistas: K Street. Os *foodtrucks* estão alinhados na praça, em um nível mais baixo. O cenário é bem fiel ao da série *House of Cards*.[26]

Estamos cientes de que nossa visita é esperada com impaciência. Como excelente caçador de notícias, o chefão do ICIJ, Gerard Ryle, informado rapidamente por telefone, detectou de imediato o interesse da história. Tanto mais que, para deslumbrar seus mecenas e arrecadar dinheiro para financiar suas futuras iniciativas, ele tem necessidade de fazer uma grande jogada.

---

[26] Série dramática norte-americana sobre as consequências do poder e da corrupção, criada por Beau Willimon; trata-se de uma história em que são ultrapassados os limites para satisfazer o desejo de um homem — o protagonista Francis Underwood, interpretado por Kevin Spacey — que ambiciona governar o mundo.

VII – O jornalista

É aliás o próprio que nos acolhe de maneira calorosa. As paredes do escritório estão revestidas com diplomas, prêmios e outras distinções, acumulados no decorrer de sua carreira. Impressionante.

Bastante *show-off*, do jeito norte-americano.

Ryle apresenta-nos rapidamente aos membros de sua pequena equipe. Uma autêntica torre de Babel do jornalismo. Há a diretora-adjunta, Marina, de nacionalidade argentina, absolutamente encantadora, prima afastada de Che Guevara. Will, um australiano, eficaz e poliglota. Mar, por sua vez, é espanhola; um azougue. Sem esquecer o jovem costa-riquenho, nascido com um teclado de computador na ponta dos dedos e com um sorriso permanente nos lábios, de modo que vamos batizá-lo imediatamente de "Smiling Man" — não damos apelidos apenas a nossas fontes.

Teria sido possível chamá-lo também de "Data Man", mas o pseudônimo já tem dono: atribuído a Alexandre Léchenet, um colega do site lemonde.fr especializado em processamento de dados, o que é designado por *data journalism*. Ele nos acompanha nessa viagem. De fato, antes de atravessarmos o Atlântico, a diretoria da redação do *Le Monde* — que tomara ciência da envergadura do caso — instalou uma *task force* dentro da redação. Trata-se de uma pequena célula que vai colaborar conosco nessa operação. Além de "Data Man", ela é composta de Simon Piel, pesquisador no serviço "sociedade" (o felizardo ostenta dois apelidos — "Padawan"[27] e "o Bubar"[28] —, relacionados à sua juventude

---

27 "*Patience you must have my young Padawan*" [Você deve ter paciência, meu jovem Padawan] é um dos ensinamentos do Mestre Yoda em episódio de *Guerra nas estrelas*, saga de fantasia e ficção científica criada pelo cineasta norte-americano Georges Lucas (1944-), exibida nos cinemas a partir de 1977.

28 Gíria de *barbu*, "barbudo".

impaciente e ao seu cavanhaque); Serge Michel, de origem helvética, batizado na circunstância como "a conta suíça" devido a seus frequentes vaivéns entre Paris e Genebra; e sua xará Anne Michel, notável investigadora do serviço "economia" — mas que continua esperando seu apelido.

As tarefas foram distribuídas desta maneira: Alexandre Léchenet tentará sistematizar os bilhões de informações contidas no nosso pen drive. Anne Michel e Simon Piel se concentrarão nos próprios proprietários de contas e nos arcanos do sistema financeiro. Serge Michel, por sua vez, coordenará as investigações com o ICIJ e nossos confrades estrangeiros.

Quanto a nós, ficaremos com o resto, o que ainda representa muito trabalho!

Em uma atmosfera realmente laboriosa, vamos analisar com o ICIJ, durante vários dias, as condições de uma eventual colaboração. Apesar de nosso inglês bastante elementar, o entendimento mútuo logo se estabelece. Oriundos de diferentes horizontes, os jornalistas do ICIJ possuem várias qualidades comuns, essenciais. Em primeiro lugar, eles são incrivelmente simpáticos. Além disso, manifestam uma grande humildade. Por fim, o que apesar de tudo é o mais importante, demonstram um total profissionalismo.

Extremo rigor, busca da mínima falha, preocupação com a perfeição... O jornalismo à maneira anglo-saxã: acima de tudo, os fatos; em seguida, os comentários.

Nossas eventuais dúvidas são rapidamente esclarecidas.

Tanto mais que temos a mesma visão a respeito do procedimento a seguir. Por exemplo, está fora de questão publicar todos os nomes que figuram nas listas. Para citar uma pessoa, ela deverá ser representativa, preencher os critérios que cor-

VII – O jornalista

respondem ao que se designa por "interesse geral". Os nomes escolhidos deverão fazer sentido. E cada pessoa deverá ter sido contatada previamente, a fim de lhe ser fornecida a possibilidade de se exprimir.

Fica combinado de deixarmos a nossos novos amigos do ICIJ uma cópia de todas as informações contidas em nosso pen drive, competindo-lhes efetuar seu processamento inicial. Primeiro aperto de coração, e leve emoção coletiva, quando as listas são projetadas subitamente em uma tela na sala de reunião. Nossos dados escapam de nosso controle, mas desencadeiam uma intensa energia na atmosfera. A excitação torna-se evidente no olhar de nossos anfitriões.

O consórcio compromete-se também a solicitar, na etapa seguinte, a parceria dos órgãos da mídia no maior número possível de países; assim, cada um deverá empreender, com base em uma lista parcial que lhe será fornecida pelo ICIJ, as investigações relativas a seu país.

Condição imperativa e inegociável: o *Le Monde*, evidentemente, permanece o supervisor da operação. É impossível, por exemplo, trabalhar com um órgão de comunicação que não tenha sido cooptado por nós. É inconcebível que nossos dados venham a cair nas mãos de qualquer um.

Mas não estamos inquietos. Com o ICIJ, compartilhamos os mesmos sentimentos, entre receio e entusiasmo, relutância e convicções. O acordo é portanto selado, em torno de algumas cervejas, por um forte aperto de mãos. E também, considerando que nunca se é prudente em demasia, por um protocolo de entendimento na forma da lei. No jargão, um MoU (Memorandum of Understanding). O ICIJ propõe dar à operação um código provisório: a escolha recai na palavra "Voyager" em referência à série *Star Trek*.

Acima de tudo, fica decidido que, daí em diante, todos os jornalistas participantes, disseminados pelos quatro cantos do globo, irão comunicar-se através de um fórum intranet criptografado.

No total, a operação mobilizará 154 jornalistas, oriundos de 47 países e de várias dezenas de meios de comunicação: *L'Espresso*, na Itália; *La Nación*, na Argentina; La Sexta TV, na Espanha; *Le Matin Dimanche* e *Le Temps*, na Suíça; *Le Soir*, na Bélgica; *Politiken*, na Dinamarca; *Süddeutsche Zeitung*, na Alemanha; *Abidjan Live News*, na Costa do Marfim; Sveriges Radio, na Suécia; *The Indian Express*, na Índia; *El-Watan*, na Argélia; *Asahi Shimbun*, no Japão; *The Irish Times*, na Irlanda; Radio Canada... lista incompleta!

Um ponto extremamente delicado continua ainda por resolver: o da data de publicação. Gerard e Marina anunciam-nos que, pela sua experiência, parece-lhes ser impossível prever menos de seis meses de investigações.

Não conseguimos dissimular nosso descontentamento. Esperar ainda seis meses! Correndo o risco de vazamentos passíveis de dar o alerta ao banco, mas também a órgãos concorrentes da mídia não associados à operação, criando assim a possibilidade de que nossas preciosas listas — a respeito das quais estamos cientes de que nossa fonte não é a única detentora — sejam recuperadas por outras pessoas... Não, realmente, esperar ainda até o final do ano, eis o que nos parece interminável, pura loucura.

Justamente nós, que estamos acostumados a trabalhar no imediato, e que, além disso, somos por natureza impacientes! Mas acabamos cedendo rapidamente aos argumentos do ICIJ: para começar, seriam necessárias duas semanas para decodificar nossos dados e, em seguida, pelo menos outro tanto para estabelecer contato e selecionar os parceiros da mídia. Sem falar das férias de verão. O que, afinal de contas, deixa apenas três ou quatro meses aos jornalistas para investigar as próprias listas...

Prevê-se assim publicar essa pesquisa no final do ano de 2014, mas a proximidade das férias de Natal e Ano-Novo afinal conduz à ideia de lançar o *affair* em janeiro de 2015. No fim de 2014, para responder aos pedidos de alguns jornalistas manifestamente atrasados, será decidido adiar a publicação para fevereiro.

Antes de nos despedirmos, em Washington, é tomada a decisão de um novo encontro em setembro, em Paris, com a presença, se possível, dos representantes dos principais órgãos da mídia associados à operação, a fim de fazer um balanço parcial e garantir a perfeita coordenação.

Voltamos otimistas para a França, tanto mais que detemos um bom avanço em relação a nossos parceiros estrangeiros. Se em determinados países como a Grã-Bretanha dois órgãos da mídia, e não dos menos importantes (BBC e *The Guardian*), foram "cooptados" para trabalhar no projeto "Voyager", a questão não chegou a ser formulada quanto à situação na França. Em primeiro lugar, porque *Le Monde* dispõe efetivamente dos recursos para processar os dados exclusivamente franceses. E, depois, convém também não exagerar: já aceitamos oferecer nossas informações exclusivas a dezenas de órgãos da mídia estrangeiros, só faltava agora propô-los a nossos concorrentes diretos!

De volta a Paris, mantemos nossa fonte a par do projeto "Voyager", sem lhe revelar nenhum detalhe, assim como de sua evolução. GP — o que só abona a seu favor — nada exige além de ser informado minimamente da utilização dos dados. O recurso a um consórcio de jornalistas investigativos parece-lhe ser uma excelente ideia, tanto mais que ele sonhava com a denúncia do sistema financeiro no plano internacional.

Em setembro de 2014, solicitamos a sala do conselho de supervisão do *Le Monde* para acolher, durante um dia, os membros do ICIJ e, sobretudo, várias dezenas de jornalistas oriundos dos órgãos da mídia participantes do projeto "Voyager". Nove horas de discussão acalorada. A oportunidade para uma descoberta mútua e, acima de tudo, para fazermos um balanço sobre nossos respectivos trabalhos, em torno de bandejões de refeição, além de procurarmos a solução para um monte de detalhes.

Seguem-se vários meses de investigações bastante meticulosas no planeta inteiro. De vez em quando, lançamos uma piscadela no fórum intranet para analisar o avanço das pesquisas de nossos parceiros. Tranquilizados por verificar sua rápida progressão, inquietos também por constatarmos que alguns estão agora à nossa frente, em especial nossos amigos do *The Guardian*, particularmente eficazes!

No final de outubro de 2014, tirando proveito de uma ida e volta a Nova York para participarmos da mítica maratona — tão interminável quanto a investigação mundial sobre o HSBC —, fazemos uma pequena visita aos repórteres do *60 Minutes*, associado ao projeto "Voyager". O programa é transmitido aos domingos à noite, na CBS. Um monumento nos Estados Unidos.[29] Lembra o programa francês *Envoyé*

---

29 Programa jornalístico apresentado desde 1968, classificado entre os programas *top-TV*, tendo recebido inúmeros prêmios ao longo dos anos. No Brasil, *60 Minutes* é exibido na Record News.

VII – O jornalista

spécial[30], mas na máxima potência. Uma vez mais, qual não é nossa surpresa ao descobrir os locais espaçosos de nossos confrades... Nesse aspecto, também, estamos imersos na hiperexigência norte-americana, ambiente aconchegante, absoluta certeza de serem os melhores — opinião não forçosamente equivocada. Mesmo que, dessa vez, dois jornalistas franceses roubem a cena.

Voltamos a encontrar a insinuante Habiba, uma das produtoras do programa. Essa jovem de origem paquistanesa nos deixou atônitos no momento da grande reunião organizada no *Le Monde*, no início de setembro, pela pertinência de suas perguntas. Habiba nos leva para almoçar com Ira Rosen, um dos produtores vedetes do *60 Minutes*, um craque do jornalismo norte-americano, perfeito sósia de Al Pacino (é verdade que temos tendência a ver sósias por toda parte). Um tipo carismático, partidário de um jornalismo ofensivo e eficaz, em que não há lugar para estados de ânimo.

Ele faz um jogo de cena um tanto *blasé*, mas deixemos de lado...

"Al Pacino" detalha os avanços da investigação empreendida pela CBS, a reação de uma *star* de Hollywood cujo nome consta das listas, e que já foi contatada por nossos confrades do *60 Minutes*. Fala-nos também de um ex-embaixador norte-americano, que desempenhou suas funções no Iêmen, assim como da grana suja da CIA. Estimulante.

Durante a viagem de retorno a Paris, apesar das dores musculares, fazemos um balanço sobre o projeto "Voyager". Fica combinado que Anne Michel e Simon Piel devem, eles também, começar a fazer as ligações telefônicas "desagradá-

---

30 Literalmente, "Enviado especial", é um programa preparado pela redação do canal France 2 e transmitido na quinta-feira à noite, de setembro a junho.

veis". Já efetuamos tal operação, em janeiro de 2014, quando disparamos a primeira salva, revelando os nomes de várias dezenas de personalidades francesas que, na década de 2000, haviam sido titulares de uma conta no HSBC Private Bank de Genebra...

"Alô, bom dia, é do *Le Monde*. Quais foram as razões para fazer sua aplicação financeira na Suíça? O(a) sr(a). declarou tal operação à administração fiscal? O(a) sr(a). já encerrou essa conta?"

A acolhida foi, em geral, glacial e até, em alguns casos, ameaçadora. Nas nossas listas, havia inclusive o nome de um ex-diretor-adjunto do jornal.

De qualquer modo, estávamos cientes de que, independentemente de nossas escolhas, elas seriam contestadas. O que não deixou de ocorrer quando o SwissLeaks explodiu publicamente: "Por que decidiram citar o nome de Gad Elmaleh[31], em vez de outro?" Quantas vezes tivemos de ouvir essa pergunta? Como se o jornalismo não fosse precisamente isso: escolher, e pronto.

Em nome de um único critério: o interesse geral.

Passado o réveillon, entramos finalmente no *money time*, como dizem nossos colegas norte-americanos. Após vários dias de discussões por telefone, de centenas de e-mails, de acirrados debates no fórum, todos os participantes da operação decidiram-se pelo dia 8 de fevereiro como data comum de publicação.

---

31 Humorista, músico, ator e diretor de cinema marroquino, que recebeu, em 2007, o título de cavaleiro da Ordem de Artes e Letras, por sua contribuição para o enriquecimento da cultura francesa. Em entrevista televisiva em 2009, ele tinha negado ser titular de conta bancária na Suíça.

VII – O jornalista

Gerard Ryle tinha conseguido o impossível! Cada um acabou fazendo concessões. Apesar de alguns terem cedido mais do que outros. De fato, era evidentemente impossível satisfazer todo mundo. Além das diferenças de fuso horário, verificava-se a coabitação de órgãos da mídia, cujos formatos e restrições eram diversificados: jornais diários, hebdomadários, TV, rádio... Finalmente, por comum acordo, optou-se pelo domingo, 8 de fevereiro, às 22 horas. Por não ser a melhor solução — que, aliás, inexiste —, é sem dúvida a menos ruim.

No ideal, teríamos preferido lançar a "bomba" no site do *Le Monde* em um dia de semana, no final da manhã, pouco antes da distribuição do jornal nas bancas. Mas isso teria sido uma tragédia para o programa *60 Minutes*, transmitido aos domingos, às dezenove horas, nos Estados Unidos, portanto, à meia-noite na França. E o programa da CBS, além de constituir uma caixa de ressonância excepcional (várias dezenas de milhões de telespectadores), é extremamente importante para nossos parceiros do ICIJ, cujo trabalho apreciável é realmente merecedor de alguns sacrifícios...

Ainda é necessário aprimorar os derradeiros preparativos, e no final de janeiro de 2015 retomamos a direção de Washington. Acompanhados, dessa vez, por uma JRI (jornalista repórter de imagens), Joséfa Lopez, da qual identificamos o excelente trabalho efetuado para o lemonde.fr — ela deve gravar um vídeo de *making of* —, assim como por Annick Cojean, do serviço dos "grandes repórteres", excelente redatora e de grande experiência, cuja missão será relatar a nova forma de jornalismo globalizado, materializada pelo ICIJ através do projeto "Voyager".

Ou, melhor dizendo, do ex-projeto "Voyager".

De fato, no decorrer do tempo, como será confirmado *de visu* por Gerard Ryle, foi atribuído um nome de batismo público ao caso. Como o sufixo anglo-saxão *leaks* (que significa "vazamentos") tinha marcado a opinião pública mundial — graças ao sucesso das operações WikiLeaks, Offshore Leaks e outros LuxLeaks —, "SwissLeaks" impôs-se como uma evidência.

Aproveitamos essa nova passagem por Washington para discutir pessoalmente com Ahmed Benchemsi, jornalista marroquino exilado nos Estados Unidos e, há vários anos, sob a mira da família real em decorrência de seus artigos um pouco impertinentes demais... e muito bem informados. Ele foi incumbido pelo ICIJ e por *Le Monde* da tarefa de fazer a perícia dos dados relacionados a seu país de origem. Missão deveras delicada: pessoas próximas do rei (em especial, um irmão e uma irmã), além do próprio Mohammed VI, dispunham de ativos nos cofres de HSBC Private Bank. Com efeito, nas nossas preciosas listas, encontramos uma conta em nome de "Sua Majestade o rei Mohammed VI", conta conjunta com seu secretário particular, Mounir El-Majidi, aberta em 11 de outubro de 2006 no HSBC Private Bank em Genebra.

O rei e seu homem de confiança estavam repertoriados mediante um código interno (BUP, ou seja, *business partner*), nos livros do banco sob o número 5.090.190.103.

Entre novembro de 2006 e março de 2007, o montante máximo registrado na conta régia elevava-se a 7,9 milhões de euros. Ora, para os residentes marroquinos, o fato de possuir ativos no exterior é, em princípio, ilegal, salvo se tiverem obtido uma autorização da Agência de Câmbio. Desde então, a família real marroquina jurou pelo que há de mais sagrado ter procedido dentro dos trâmites legais: já solicitamos a apresentação dos documentos que atestam sua boa-fé, mas continuamos aguardando a resposta.

Mesmo que os montantes existentes nas listas possam parecer bem modestos em relação à fortuna do soberano, cujo patrimônio está avaliado em cerca de 2 bilhões de euros, todos sabem que Sua Majestade não aprecia, de modo algum, que alguém mostre interesse pelo assunto... Ahmed Benchemsi nos transmite seus receios, advertindo-nos contra eventuais represálias...

Decidimos na mesma hora que seria imprudente e, ao mesmo tempo, pouco fraternal deixá-lo gerenciar sozinho esse aspecto da investigação. Fica assim combinado que, desde nosso retorno a Paris, vamos nos dirigir às autoridades marroquinas a fim de obter sua reação a esse respeito, além de coassinar o respectivo artigo. Afinal de contas, trata-se de nossas informações; parece-nos lógico o dever de assumir as consequências, por mais desagradáveis que sejam. De qualquer modo, já fizemos tantos inimigos desde o início de nossa carreira, à força de publicar informações comprometedoras envolvendo políticos corruptos, empresários sem escrúpulos, atletas dopados, artistas desonestos, mafiosos de todos os quadrantes, advogados, policiais ou magistrados depravados, que estamos agora totalmente blindados, definitivamente insensíveis aos ataques, insultos, pressões e outras ameaças.

Em suma, vacinados.

Mas, nesse final de janeiro, o que preocupa Gerard Ryle não é a previsível irritação do rei do Marrocos. O diretor do ICIJ tem um motivo de inquietação muito mais sério: com efeito, *The Guardian* acaba de receber uma intimação da matriz do HSBC, em Londres. Informada por nossos confrades britânicos das respectivas investigações, ela ameaça impedir a publicação das informações coletadas pelo grande diário. Logicamente, os jornalistas do *The Guardian* entraram em contato com o banco a fim de poder publicar também sua posição. Ora, os tribunais britânicos têm a prerrogativa, a pedido de uma parte, de proibir preventivamente um jornal de publicar um artigo.

Perspectiva sombria...

Gerard Ryle encontrou o revide. Através de correspondência oficial enviada à diretoria do HSBC, o ICIJ explica-lhe que a pesquisa do *The Guardian* inscreve-se no âmbito de uma investigação muito mais global. Trata-se de levar o gigante bancário a compreender, em resumo, que não adianta impedir o jornal britânico de editar as informações relativas à Grã-Bretanha, visto que elas serão publicadas, de qualquer modo, no mundo inteiro e, evidentemente, ficarão acessíveis ao Reino Unido, nem que seja pela internet. Além disso, o *The Guardian* dispõe de uma edição norte-americana. E o banco, se mantiver sua imposição, será acusado de tentar censurar o jornal.

O HSBC compreendeu perfeitamente a mensagem de Gerard Ryle e retirou sua intimação.

Nossa segunda estadia em Washington chega ao fim. Estamos agora abordando a última reta e o caminho está livre. Nada mais pode impedir a explosão anunciada do furo mundial.

Nem sequer uma impressionante tempestade de neve, finalmente providencial: o atraso de nosso voo é de tal ordem que vamos ter o prazer de jantar em Washington com nossos colegas do ICIJ.

Bem perto do Congresso, o restaurante reservado por Gerard é imenso e a lagosta, deliciosa. Joséfa detesta viajar de avião, assim ela serve-se um pouco demais do tinto ameri-

VII – O jornalista

cano; Annick, angustiada crônica ou pesquisadora hiperescrupulosa, à escolha, continua formulando perguntas sobre o funcionamento do ICIJ; por nosso lado, tentamos umas piadas sem muita graça... A atmosfera é leve, cada um sente evaporar-se a pressão acumulada no decorrer dos últimos meses.

Afinal, *cada um* não é bem o caso...

Quanto a Gerard Ryle, sua aparência nada tem de descontraída. Mas não vamos ligar para isso. Ele nos disse que haveria de saborear o trabalho efetuado somente depois da publicação dos artigos. E nós, que imaginávamos ser estressados por natureza, acabamos encontrando nosso mestre.

Podemos retornar com a mente livre a Paris para colocar um ponto final à operação. Temos de nos coordenar com os colegas do lemonde.fr, da infografia, do serviço de fotografia... E, obviamente, discutir a sequência das páginas para o que se designa como o *print*, o jornal impresso, sabendo que prevíamos publicar a história inteira em dois dias, em várias dezenas de páginas. Um dispositivo totalmente excepcional. Que nos encanta.

Na sede do *Le Monde*, a *task force* agita-se, faz ligações telefônicas, exige esforços à vista para verificar os últimos montantes, as mais recentes multas aplicadas pelo fisco. A tensão aumenta nesses primeiros dias de fevereiro de 2015. Ainda será necessário estabelecer contato com alguns titulares de contas, enviar correspondência registrada para os recalcitrantes. Pesquisar as redes associadas ao narcotráfico, detectar as trajetórias de evasão de capitais. Decidir, é claro, os nomes a serem citados. As escolhas, forçosamente subjetivas, fazem-se sem atritos, em total concordância. De nossa parte, tratamos de entrar em contato com o HSBC. Nada fácil.

Será que eles vão tentar também bloquear a publicação dos artigos? Ou, mais provavelmente, ameaçar o jornal com processo judicial?

O HSBC recusa-se a comunicar-se diretamente conosco. E seus advogados permanecem relutantes a qualquer diálogo.

É necessário, portanto, servir-se de uma das inumeráveis empresas de comunicação, por um desses anteparos implantados agora para empreender qualquer negócio de envergadura. Contratamos então a DGM Conseil, empresa especializada em consultoria de crise. Sem termos chegado, é claro, a abrir-lhes totalmente o jogo, cada parte apresenta seus argumentos. As entrevistas — a última ocorreu em uma cervejaria de Saint--Germain-des-Prés — desenrolam-se em um excelente clima. Nossos interlocutores são inteligentes, afáveis e, sobretudo, nada ingênuos. Mas deixam-nos entender claramente que seu poder é limitado. Seu papel é fazer chegar à cúpula do HSBC as questões dos jornalistas e, em seguida, transmitir a resposta. No intervalo, eles apresentam ao banco suas recomendações.

Falamos a nossos dois interlocutores dos 180,6 bilhões de euros ocultos na Suíça, segundo a contagem dos investigadores. Por sua vez, eles estão prontos a admitir, de acordo com os próprios cálculos, uma soma global de 57 bilhões de euros de ativos presentes nas contas. O que está em jogo é importante na hipótese de futuros processos judiciais e de eventuais transações financeiras. Temos vontade obviamente de entrevistar os dirigentes do banco. Os representantes da DGM Conseil nos dizem que pessoalmente são favoráveis ao pleito e dispostos a defender nossa causa. No seu caso, eles sabem que humanizar e personalizar a aparência da instituição bancária só poderá ser benéfico para seus interesses e sua imagem. Tal iniciativa não surtiu nenhum efeito.

VII – O jornalista

Nós já imaginávamos.

O desfecho será finalmente um comunicado de imprensa em inglês, disponível para todos os órgãos da mídia, em que o HSBC reconhecerá sem convicção os erros do passado para dar maior realce à sua implicação atual na luta contra a fraude fiscal. Tudo isso com fórmulas vazias e estereotipadas, mediante um exercício perfeito de oratória.

Incontestavelmente, os dirigentes, sejam eles da política ou das empresas, preferem evitar o contato direto com jornalistas investigativos quando a tempestade se anuncia... o que continua sendo um mistério. No entanto, é muito mais produtivo dialogar frente a frente, trocar documentos, tentar simplesmente convencer o interlocutor, em vez de servir-se de empresas de consultoria, cuja atividade é sem dúvida respeitável, mas somos, por natureza, impelidos a fugir de seus representantes. Eles não se encontram de modo algum no cerne da máquina.

A comunicação é definitivamente inimiga da informação.
E a antinomia do jornalismo investigativo.

Aliás, isso não é o menor dos méritos da operação SwissLeaks: devolver o prestígio a um gênero durante muito tempo menosprezado — e sempre criticado. Um gênero, além do mais, dispendioso. Com certeza, o jornalismo investigativo exige recursos. Um estado de espírito, certamente, mas também uma profusão de esforços humanos e financeiros. Duas viagens aos Estados Unidos, um seminário em Paris, vários deslocamentos a Genebra, Bruxelas... Não menos de sete jornalistas mobilizados na redação do *Le Monde*, sem falar dos dispositivos instalados pelo lemonde.fr... Impossível empreender uma investigação válida sem dispêndio de energia, tempo e, portanto, dinheiro. Sabendo que o sucesso nunca é garantido. No caso, o resultado superou nossas expectativas!

Entretanto, no início do caso, tivemos às vezes a sensação de pregarmos no deserto, de sermos os únicos a acreditar nesta investigação. A tal ponto que chegávamos a duvidar de nós mesmos. Afinal de contas, uma parte da história já não havia sido revelada? E, além do mais, os fatos eram antigos, visto que as listas se referiam ao período 2006-2007. Sem contar que, aparentemente, elas incluíam um reduzido número de políticos franceses de vulto.

Tais indagações nos parecem distantes na noite desse domingo, 8 de fevereiro de 2015, segurando uma taça de tinto (ruim), no terceiro andar do jornal, por trás de nossos colegas do lemonde.fr, com os olhos cravados nas telas, prontos para dar a partida à operação SwissLeaks ao enviar o primeiro "alerta" no site. Nesse momento, todo mundo presente na sala experimenta um grande alívio e, também, esta certeza: a dupla dimensão do caso — internacional, assim como simbólica — não vai deixar pedra sobre pedra.

Do outro lado do Atlântico, Gerard Ryle, rodeado por sua equipe nas instalações de Washington, aguarda febrilmente nosso sinal verde a fim de publicar no site do ICIJ a primeira série de artigos que revelam a operação.

Às 21h56, o primeiro artigo é lançado on-line no lemonde.fr sob o título: "SwissLeaks: revelações sobre um sistema internacional de fraude fiscal." É o sinal de partida aguardado por todos os nossos parceiros. Nos minutos seguintes, os sites dos órgãos da mídia associados ao projeto — à frente, o ICIJ — inundam por sua vez a web com suas próprias informações, todas oriundas do pequeno pen drive mágico...

VII – O jornalista

Gerard Ryle efetuou sua parte do trabalho. Voltamos a encontrá-lo, no final de março de 2015, em Paris, em torno de uma lauta refeição. Já vidrado em outro projeto de envergadura. Consciente de seu eminente papel nesse caso.

À justiça de desempenhar o seu.

Finalmente.

VIII

O juiz

Inútil tentar encontrá-lo.
Ele recusa todos os pedidos de entrevista.
É precavido e até desconfiado. Paranoico, dizem alguns de seus colegas.

Fizemos várias tentativas, é claro. De qualquer modo, sejamos honestos, mesmo que tivéssemos tido tempo para aprofundar nossa conversa com Guillaume Daïeff, juiz de instrução no polo financeiro de Paris, nada teríamos revelado evidentemente de tal entrevista!

Esse homem na faixa dos quarenta anos está encarregado, atualmente — com a ajuda da colega Charlotte Bilger —, do destino de dois grandes bancos. O UBS, indiciado por "lavagem com agravantes de fraude fiscal". E sobretudo o HSBC Private Bank, cuja sorte judicial deveria ser decidida por ele, na primavera de 2015, e que foi indiciado, enquanto pessoa jurídica, em 18 de novembro de 2014, por "lavagem com agravantes de fraude fiscal" e "angariação ilícita de clientes para o banco".

O juiz Daïeff assistiu de muito longe aos primeiros episódios do *affair* HSBC. O qual, no início, havia sido confiado ao juiz Renaud Van Ruymbeke. Um ano depois, em julho de 2014, "VR" é substituído por Guillaume Daïeff, auxiliado por Charlotte Bilger.

Se Van Ruymbeke conduziu com toda a perfeição as primeiras investigações, cabe de direito a Daïeff a honra — e o mérito — de fazer avançar o dossiê. Foi ele quem, cinco anos depois da abertura do inquérito inicial, em Nice, deixou o processo no ponto...

Ele é o último elo da corrente judicial.

O Ministério Público já exigiu, em suas requisições apresentadas em 10 de março de 2015, a denúncia do HSBC Private Bank diante da vara de crimes financeiros enquanto pessoa jurídica. *In fine*, cabe a Guillaume Daïeff selar o destino judicial do banco, ao rubricar a ordem de denúncia que abre o caminho para um processo público na área de crimes financeiros.

Em 23 de maio de 2012, esse homem, em depoimento à CPI do Senado francês sobre a fraude fiscal, se divertira — a propósito do costume segundo o qual somente Bercy pode decidir a abertura de processos judiciais em matéria de fraude fiscal (o famoso "ferrolho" de Bercy) — ao soltar esta frase: "Imaginem os senhores que o ministro do Orçamento seja o tesoureiro de um partido político e solicite a alguns contribuintes que financiem a campanha; nesse caso, o ferrolho pode virar um problema..."

Estocada maliciosa de Guillaume Daïeff. A quem faria ele alusão a não ser a Éric Woerth e a seu amigo Patrice de Maistre?... Nesse dia, o magistrado havia acrescentado também o seguinte: "Acho efetivamente que fraudar imposto é roubar a todo mundo." Um lembrete salutar.

Guillaume Daïeff é assim. Aparência de monge, olhos vivos por trás de seus pequenos óculos, ele passa praticamen-

VII – O jornalista

Gerard Ryle efetuou sua parte do trabalho. Voltamos a encontrá-lo, no final de março de 2015, em Paris, em torno de uma lauta refeição. Já vidrado em outro projeto de envergadura. Consciente de seu eminente papel nesse caso.

À justiça de desempenhar o seu.

Finalmente.

VIII – O juiz

te despercebido. Cabeça de auxiliar de cartório do interior. Um cargo de prestígio como vice-presidente encarregado da instrução. Mas, sobretudo, uma abnegação e uma energia de trabalho que permitem desaferrolhar os dossiês mais difíceis. Os "figurões" que desfilam em seu gabinete de instrução não conservam, em geral, uma excelente lembrança da entrevista... Perguntem a Bernard Tapie — indiciado por "fraude em grupo organizado", intimado a devolver 405 milhões de euros relacionados à sua arbitragem — o que ele pensa do personagem...

Um é o antípoda do outro.

Perguntem a este outro financiador da UMP, Guy Wilden-Stein, processado por sonegação fiscal, cuja multa se eleva a 250 milhões de euros...

Com o juiz Daïeff não se brinca. Foi ele que teve de se haver com a justiça suíça. As trocas epistolares foram truculentas. "Com a Suíça, a assistência judicial mútua é excelente desde que não se trate de fraude fiscal", confiava ainda, irônico, aos senadores em 2012.

Não, ele realmente não deixa escapar uma única palavra. Nunca a mínima confidência *off-the-record* aos jornalistas, ainda menos entrevistas, nenhuma foto, nem perquisições-espetáculos, tampouco iniciativas inutilmente provocantes... Mas empenha-se obstinadamente na preparação de seus dossiês, dirige com firmeza seus investigadores, exige resultados...

Ele já os obteve no caso HSBC: 103 dossiês transmitidos por Bercy à justiça, 300 milhões de euros recuperados pela administração fiscal — e a operação está longe de ter chegado ao fim. Uma ninharia, é claro, comparada aos 180,6 bilhões de euros depositados no HSBC PB em 2007 (soma contestada pelo banco, que evoca 57 bilhões de euros), e aos cerca de 6 bilhões de euros atribuídos unicamente aos sonegadores franceses.

Mas ainda resta tempo ao juiz Daïeff. Por exemplo, para discutir asperamente com os homólogos suíços. Assim, o Office fédéral de la justice [Agência Federal da Justiça] (OFJ) não gostou nem um pouco que Guillaume Daïeff tenha convocado diretamente o HSBC, em 1º de agosto de 2014, por via postal, para responder a uma acusação, em vez de passar pela via diplomática. Em 9 de setembro de 2014, as autoridades federais helvéticas dirigiram, portanto, ao magistrado francês esta advertência: "De maneira geral, convidamos as autoridades francesas a proceder pela via ministerial [...]. Está em questão a confiança que serve de fundamento a nossas relações interestatais [...]. Temos certeza de que se trata, nesse caso, de um desvio excepcional."

Na verdade, não.

Em 23 de setembro de 2014, e tendo voltado a convocar o HSBC, os juízes Daïeff e Bilger responderam de maneira pouco afável, encerrando sua missiva com esta frase definitiva: "Não compartilhamos as conclusões dos senhores."

Durante algum tempo, o juiz Daïeff questionou-se sobre se seria oportuno transigir com o banco. Ou mais precisamente, se ele deveria adotar o procedimento do declarar-se culpado à maneira francesa, a famosa CRPC. Por trás dessa sigla esquisita, temos a Comparution sur reconnaissance préalable de culpabilité [Comparecimento com Reconhecimento Prévio de Culpa], procedimento que permite evitar as tormentas de um processo de crimes financeiros. O juiz ou o procurador podem propor essa solução e o delinquente,

VIII – O juiz

se vier a aceitá-la, será então condenado, mas sem audiência pública e com a expectativa de atenuar sua punição.

No caso do HSBC, e de acordo com nossas informações, uma multa tinha sido prevista no início de 2015. Tendo sido fixada muito precisamente em 1,4 bilhão de euros. O Ministério Público de Paris, representado pela impetuosa promotora Ariane Amson, entediou-se com as hesitações do HSBC e acabou apresentando uma denúncia em jurisdição de crimes financeiros. Não é certo que se trate de uma boa notícia para o banco, que, todavia, ainda pode reconsiderar sua posição e pedir uma CRPC.

Seja qual for o desfecho, o dossiê judicial construído pacientemente por Guillaume Daïeff deixa pouco espaço para a dúvida. A tal ponto que o banco fugiu da França! "O mercado francês deixou de ser um mercado", garantiu o diretor jurídico do HSBC PB, David Garrido, aos juízes. "Deixará de haver angariação de novos clientes." Setenta e sete contas de titulares franceses foram revendidas recentemente ao grupo LGT, em Liechtenstein, e uma parte dos dirigentes da época teve de fazer as malas.

O inquérito policial [*dossier d'instruction*] dá testemunho de que tudo foi feito em Genebra, Lugano e Zurique, entre 2006 e 2007, para acolher os contribuintes desonestos de todo o planeta. "Sonegadores do mundo inteiro, unam-se em Genebra!" poderia ter sido o slogan do HSBC Private Bank.

Entre eles, 8.936 franceses, orientados por uma vintena de gerentes de contas. Os encontros ocorriam, em total discrição, quase sempre em hotéis de luxo. Uma fraude em grande escala, organizada conscientemente e descrita com perfeição em um relatório, em outubro de 2014, por Christine Dufau, diretora do Office central de lutte contre la corruption et les infractions financières et fiscales [Agência Central de Luta contra a Corrupção e Infrações Financeiras e Fiscais] (OCLCIFF). A delegada Dufau, cujo serviço está encarregado dos inquéritos político-financeiros mais comprometedores, é famosa pela qualidade de seus relatórios finais.

Esse documento de 31 de outubro de 2014 — o resumo de cinco anos de investigações — estigmatiza sobretudo a não observância, pelo HSBC PB, da diretriz ESD, ou seja, a taxa europeia aplicável na Suíça a partir de 1º de julho de 2005. Para possibilitar a seus preciosos clientes contornarem essa nova taxa, a diretoria do banco vai lhes sugerir a criação de estruturas opacas, no caso, empresas *offshore* baseadas no Panamá ou nas Ilhas Virgens Britânicas, assumindo na prática as próprias operações. Por sinal, trata-se de um serviço faturado pelo HSBC PB, que ninguém trabalha de graça...

Em correspondência redigida em fevereiro de 2005 por Colin Wyss, então membro do comitê executivo, e por Denis Soussi, membro da diretoria, o banco chama a atenção para os "numerosos instrumentos e estruturas" colocados à disposição dos titulares de contas (ver Anexo 1). Na realidade, empresas de fachada. Para Roger Basso, ex-executivo do HSBC, "não se trata de outra coisa além de empresas *offshore*".

"De forma bastante ativa, o HSBC PB vai angariar [clientes], propondo-lhes a transformação de suas contas pessoais em contas jurídicas, por meio de uma empresa *offshore*, para contornar essa taxa", sublinha Christine Dufau. Os policiais apoiam-se nas confissões tanto de numerosos clientes franceses do HSBC quanto de ex-funcionários do banco. Assim, de acordo com o depoimento de Roger Basso, "os bancos sabiam que os clientes vinham depositar seus ativos na Suíça para escapar ao fisco [...]. Esses fatos constituem evasão fiscal".

VIII – O juiz

Mais de oitenta testemunhas, sem distinção entre clientes e gerentes, foram interrogadas, dessa vez pelos gendarmes da Seção de Inquéritos de Paris, indiciadas no início das investigações. Em grande número, elas confirmam que os clientes franceses recebiam a proposta da criação de empresas de fachada, mediante uma soma que variava de 2 mil a 7 mil euros. Brigitte Sibona, ex-responsável pelas operações do HSBC Private Bank, não guarda segredo acerca das intenções do banco. "O benefício do cliente é que ele evita a taxa ESD, e o banco obtém uma receita suplementar ao vender empresas *offshore*", diz ela aos investigadores. "Para o banco, a finalidade é fidelizar o cliente." Termos semelhantes são utilizados por sua ex-colega Marie-Louise Duchassin: "Nossa hierarquia estava perfeitamente a par de tudo o que se passava [...]. O banco não dava nenhuma importância ao fato de que os capitais não eram declarados ao fisco do cliente."

De acordo com David Garrido, essas empresas de fachada não seriam nada além de uma "maneira de estruturar o patrimônio". Com a contribuição dos gerentes, como indicam os relatórios de visita elaborados após cada contato com os clientes. Por exemplo, segundo o relatório 7.421, em 20 de maio de 2005 o gerente, depois de um almoço em Paris, anota que foi decidida com o cliente a "criação de duas empresas *offshore* para substituir as contas privadas Crillon e Vedra". Ou ainda: "Concluímos a abertura de conta de empresa domiciliada em Dubai. O cliente anda muito cauteloso atualmente porque está sob pressão por parte do fisco belga, que investiga suas atividades no domínio do diamante."

O banco cuida realmente de tudo: propõe aos clientes — mediante retribuição, é claro — "uma espécie de pacote", observa a delegada Dufau. Os contribuintes franceses são contatados e, em seguida, os encontros ocorrem nos bares de hotéis situados nos bairros chiques, em particular no VIII *arrondissement* de Paris ou no Café de la Paix, perto da Ópera. Conversas às escondidas, em que se evita qualquer extravasamento. No final das entrevistas, os documentos são muitas vezes rasgados. Acontece, obviamente, que os próprios clientes façam a viagem até a Suíça.

Nesse caso, também se recomenda discrição.

Bernard, um cliente francês, lembra-se que, por ocasião de uma passagem pelo HSBC em Genebra, quis levar, à guisa de lembrança, uma caixa de fósforos "ostentando o logotipo do banco". E os gendarmes concluem a história: "O gerente lhe disse para não levar a caixa porque, se houvesse um controle da alfândega, ele seria imediatamente preso." Serge, outro cliente, experimentou a sensação de ter sido forçado a criar uma empresa de fachada: o gestor de fundos lhe teria garantido "que não havia alternativa se ele pretendia evitar ser descoberto pelo fisco francês".

Em seu relatório, a delegada Dufau esclarece também as dúvidas manifestadas pelas autoridades suíças em relação à autenticidade dos arquivos elaborados pelos serviços franceses, de 2009 a 2010, graças ao ex-técnico de informática Hervé Falciani. "Quase todas as informações sobre os clientes foram validadas até a presente data pelos inquéritos judiciais", garante a investigadora. Apesar disso, o HSBC PB e seus advogados continuam contestando os métodos de extração dos dados que têm sido utilizados pelos investigadores franceses. E a justiça helvética continua achando que as listas foram adulteradas pela França...

Tal é a explicação para as dificuldades encontradas pelo juiz Guillaume Daïeff e sua colega Charlotte Bilger para

VIII – O juiz

obter a colaboração das autoridades suíças; no entender destas, a revelação do sigilo bancário continua sendo um sacrilégio. A delegada Dufau não se absteve, em seu relatório final, de chamar a atenção para esse aspecto: "Até hoje, as autoridades suíças recusaram-se a responder a todos os pedidos de assistência judicial mútua que lhes foram dirigidos."

Pelo menos, as coisas são claras.

Em 4 de outubro de 2010, uma mensagem de Pascal Gossin, diretor da unidade de assistência judicial mútua do Office fédéral de la justice suisse [Agência Federal da Justiça Suíça], considerava tais pedidos "contrários ao princípio da boa-fé entre Estados". Atitude, aliás, emprestada do modo de proceder do fisco helvético: "O que está inscrito nos genes do fisco suíço é negar-se a responder ou, então, inventar uma resposta que dificulta a troca de informações. Isso não é uma novidade porque ele sempre agiu desse jeito", insistiu o ex-diretor da DNEF Roland Veillepeau, em sua entrevista ao *Le Monde*, em 10 de fevereiro de 2015.

Todavia, a abertura recente de um inquérito na Suíça, provocado pela bomba SwissLeaks, deveria levar a Confederação Helvética a adotar outra atitude, abrindo caminho para uma cooperação judicial e fiscal em melhores condições.

Eis o que diz respeito especificamente aos métodos ilícitos do banco. Daí em diante, a instrução está portanto encerrada.

Mas resta outro componente, ainda em curso. Com efeito, o juiz Daïeff solicitou também aos investigadores que se debruçassem sobre os próprios clientes do HSBC.

Tais investigações mantêm-se a uma prudente distância dos contribuintes estrangeiros, felizardos titulares de contas no HSBC Private Bank de Genebra. Está fora de questão, por exemplo, investigar a fortuna de Mohammed VI! Se é mínima a chance (trata-se de uma lítotes, é claro) de que a justiça marroquina venha a abrir um inquérito, os juízes franceses prosseguirão seu trabalho, concentrando-se nos contribuintes franceses desonestos, apanhados nas redes que constituem as listas de Falciani.

Dezenas já foram interrogados nos últimos meses pelos gendarmes. Confrontados com as listas, a maior parte desses contribuintes limitou-se a reconhecer os fatos. Muitos deles foram entrevistados por nós mesmos, assim como por nossos colegas do *Le Monde* — Anne Michel, Alexandre Léchenet e Simon Piel —, a fim de dar-lhes a possibilidade de exporem suas razões.

Em janeiro de 2014, já tínhamos revelado — na página dupla do *Le Monde* que abordava o caso — a presença, nas listas, de celebridades como o escritor Marc Levy; o ator Michel Piccoli; o diretor de cinema Cédric Klapisch; o humorista Michel Boujenah; e o milionário Alexandre Allard.[32] Aproveitando o embalo, o *Mediapart* acabou contribuindo com sua cota de informações. Nas listas de Falciani, encontrava-se igualmente Richard Prasquier, ex-presidente do Conseil représentatif des institutions juives de France [Conselho Representativo das Instituições Judaicas da França] (CRIF). Ele confirmou aos investigadores a existência de uma conta, aberta pelos pais após a Segunda Guerra Mundial, da qual se tornou cotitular quando do falecimento do pai. Em seguida, graças ao HSBC (remunerado em 3 mil euros por esse serviço), ele criou uma empresa *offshore* localizada no Panamá, batizada Lotsun e com saldo de 5 milhões de euros. "Essa empresa estava implantada no Panamá por se tratar de um

---

[32] Mecenas e presidente do Groupe Allard, que em 2011 adquiriu por 117 milhões de reais o antigo Hospital Matarazzo, em São Paulo, abandonado desde o final da década de 1990; em adequação com a filosofia do grupo, o amplo espaço será transformado, no horizonte de 2018, em grande complexo cultural e comercial.

paraíso fiscal", admitiu Prasquier. "A conta suíça aberta em meu nome também já não era declarada e essa empresa tinha o único objetivo de fortalecer tal dissimulação." Será que o HSBC podia ignorar esse processo de evasão? "Evidentemente, o banco tinha conhecimento", conclui ele.

As situações são muitas vezes bastante dessemelhantes. Vejamos o caso de Alain Afflelou. Na época em que era titular de uma conta no HSBC, o empresário da área de óptica residia na Suíça. Tal circunstância não o livrou de pagar 150 mil euros de multa ao fisco quando retornou à França... Ou o caso do deputado (UDI) da oitava circunscrição dos franceses residentes no estrangeiro, Habib Meyer, que alegou não estar a par dessa conta, que, no entanto, fora aberta efetivamente em seu nome.

Quanto a Xavier Gouyou-Beauchamps, ele havia sido presidente de uma empresa de direito holandês, a Skygate, titular de uma conta no HSBC. "Sou incapaz de explicar a razão da existência dessa conta bancária na Suíça", afirmou o ex-diretor da rede France Télévisions aos investigadores, em 24 de outubro de 2013. Incompreensão similar à do jogador de tênis Henri Leconte, que garante ter aplicado ativos no HSBC de Mônaco, mas não em Genebra...

O advogado Olivier Morice, por sua vez, revelou como uma cliente quis, em 2006, remunerá-lo na Suíça, mediante uma conta no HSBC, da qual ele teria sido o beneficiário. "Pediram-me para preencher um documento com o nome de uma empresa domiciliada no Panamá", lembra-se ele em 31 de janeiro de 2013. Tendo assinado o papel em Genebra, mudou de opinião depois de seu retorno a Paris. Mas seu nome permaneceu na lista dos clientes do HSBC. O advogado evoca uma "manipulação" e considera entrar com uma ação em justiça.

Nada a ver com Antoine Francisci, ex-chefão do *cercle de jeux* [cassino] Haussmann, em Paris. A partir de 1990, ele foi efetivamente cliente do HSBC PB "para depositar receitas" que não "desejava declarar ao fisco francês". A correspondência permanece no banco para não chamar a atenção. "Estive também associado a contas de empresa", lembrou-se ele, "em 25 de novembro de 2013. Essas empresas de fachada tinham o objetivo de ser oficialmente titulares das contas quando, de fato, sou eu o dono dos ativos."

Mais de 10 milhões de euros vão se acumular nos cofres que pertencem ao proprietário de cassino. "Meu gerente", garante ele, "tinha me dito que, mediante essas empresas de fachada, eu acabaria ganhando ainda mais dinheiro. [...] Ele sabia que todos os seus clientes franceses iam à Suíça para isso." Tendo fixado residência no território helvético, em 2009, Francisci afirma que regularizou sua situação fiscal, ao pagar uma multa superior a 2 milhões de euros.

Com ou sem razão, Gad Elmaleh foi certamente o caso que mais chamou a atenção na época da revelação do Swiss-Leaks. Enquanto aparecia em todos os canais de TV, em 2014, em um comercial em que imaginava o banco ideal — no caso, o LCL [Le Crédit lyonnais] —, ele foi traído também pelas listas de Falciani. Entre 2006 e 2007, em Genebra, o humorista dispunha de uma conta em que estava depositada, para esse período, uma soma que chegou a 80 mil euros. Segundo as informações do *Le Monde*, Elmaleh — que nunca respondeu a nossas solicitações — teria regularizado sua situação com o fisco francês.

Por sua vez, Lisa Azuelos, diretora do filme *Lola* [LOL], afirmou, por intermédio do assessor de imprensa em fevereiro de 2015, que tudo estava "agora regularizado", sem mais detalhes. Titular de uma conta numerada, o artista Christian Boltanski teria regularizado igualmente sua situação, assim como Philippe Lavil, felizardo herdeiro de ativos no exterior e apanhado pelo fisco com base nas listas de Falciani: "Isso já ocorreu há muito tempo", defendeu-se o cantor. "Nunca abri conta no exterior. Não tive intenção de sonegar impostos, aliás, nunca cheguei a ter recursos para isso."

Há também as celebridades do esporte francês, como o jogador de futebol Christophe Dugarry, já mencionado. Campeão mundial com o time da França em 1998, depois bem-sucedido consultor esportivo, ele tinha aberto em março de 2005, um mês após ter pendurado as chuteiras, uma conta associada a uma empresa *offshore*. A Faroe Capital havia sido criada especialmente para ele pela filial do HSBC nas Ilhas Virgens Britânicas. Uma conta com saldo superior a 2 milhões de euros. Loquaz diante do microfone, Dugarry guarda um silêncio sepulcral quando se trata de seus ativos depositados na Suíça, desde que sua presença nas listas Falciani se tornou pública.

O senador Aymeri de Montesquiou (UDI) está associado nos arquivos do banco a uma conta numerada, aberta na década de 1990 e encerrada em 1994, conectada a uma empresa de fachada baseada no Panamá, a Susumi Finance Corporation. O que há de mais normal. No entanto, nega o fato terminantemente: "Não tenho conta no exterior", insiste. O último descendente de D'Artagnan[33] é um dos protagonistas do caso "Kazakhgate", revelado por nossos textos publicados nas colunas do *Le Monde* datados de 7 de outubro de 2014.

---

33 Charles de Batz-Castelmore, conde de Artagnan (c. 1611-1673), foi um militar francês, tendo servido ao rei Luís XIV como capitão dos mosqueteiros da Guarda; na literatura, foi um dos personagens mais importantes do escritor Alexandre Dumas.

Aliás, nesse contexto, perdeu a imunidade parlamentar em março de 2015.

Nos arquivos do HSBC de Genebra, há um grande número de nomes de proprietários de empresas de todos os tamanhos. Por exemplo, o cabeleireiro Jacques Dessange. "O sr. Dessange regularizou sua situação com o fisco em 2012. Isso lhe custou caro", confirmou ao *Le Monde* um de seus consultores. Ele tinha ocultado, no mínimo, 1,6 milhão de euros na Suíça, de acordo com os extratos de 2006-2007, por trás do anteparo de uma conta numerada e de uma fundação no Panamá, a Hacienda, criada em 2005. Princípio idêntico em relação à família Mentzelopoulos, proprietária, entre outros bens, da prestigiosa vinícola Château Margaux, na região de Bordéus. Após o falecimento de Armande Montaner Mentzelopoulos, que reinou durante muito tempo nessa propriedade, seus herdeiros caíram na malha fina do fisco. Parte do dinheiro deles tinha sido detectada na Suíça e em outros mercados financeiros *offshore*, em especial nas Ilhas Cayman. Ainda nesse caso, foi desencadeado um processo de regularização com a administração fiscal.

À semelhança do que ocorreu com a família Ouaki, proprietária durante muito tempo da Tati.[34] Fabien Ouaki, que vendeu a empresa familiar em 2004, herdou do pai uma conta no HSBC PB de Genebra, conectada a "uma empresa artificial no Panamá". Ele reconheceu os fatos e regularizou sua situação com Bercy. Finalmente, nessas listas, encontramos também nomes com o *de* nobiliárquico, assim como um monte de sobrenomes famosos, já mencionados nos capítulos precedentes...

---

34 Cadeia parisiense de lojas de roupa de baixo custo.

VIII – O juiz

Todos aqueles que regularizaram a respectiva situação diante do fisco, tendo admitido os fatos, já não correm nenhum outro risco, além de um eventual opróbrio público. E nem mesmo isso... A evasão fiscal parece ter se tornado um esporte nacional e os franceses são bastante indulgentes em relação a sonegadores. O fisco, é verdade, não goza de grande prestígio por parte da mídia no Hexágono.

Na sua maioria, esses contribuintes não deixaram de cometer um crime e só ficam devendo ao "ferrolho" de Bercy — que reivindica o direito de submeter, ou não, à justiça os casos denunciados ao fisco — o fato de terem escapado a um processo penal. "No direito francês, compete ao Ministério Público decidir, ou não, a abertura de um processo judicial quando recebe uma denúncia de infração penal, assim como desencadear, ou não, uma ação pública. Salvo para a acusação de fraude fiscal", lembrou Roland Veillepeau na entrevista concedida ao *Le Monde* em 10 de fevereiro de 2015. De acordo com o ex-diretor da DNEF, "esse 'ferrolho de Bercy' constitui uma exceção que deixou de ter qualquer legitimidade após a implantação do Parquet national financier [Ministério Público Nacional para o Mercado Financeiro] (PNF), cuja competência refere-se precisamente às infrações fiscais graves". "Trata-se, de fato, de vontade política, bem arraigada", acrescentou ainda Veillepeau. "Tal situação acarreta um grande número de conflitos de interesse e deslizes. A administração fiscal serve-se disso como meio de pressão ou moeda de troca para impor multas. O ministro pode igualmente evitar a denúncia contra determinado dossiê por motivos políticos ou de amizade."

Ainda resta o caso dos contribuintes que negam qualquer ação ilícita, chegando às vezes inclusive a contestar a evidência. Essas pessoas se arriscam a ser processadas porque Bercy as denunciará à justiça. E são passíveis de punições extremamente dissuasivas. Por exemplo, a herdeira dos perfumes Nina Ricci. Por ter dissimulado 18,7 milhões de euros, Arlette Ricci foi condenada, em 13 de abril de 2015, a três anos de prisão, dos quais um em reclusão efetiva. Com a idade de 73 anos... Ela estava presente, em fevereiro de 2015, em Paris, no banco dos réus por ocasião do primeiro grande processo francês diretamente provocado pelas listas de Falciani.

Outro aspecto hipersensível, dessa vez criminoso: o narcotráfico. Confirmado pelas listas de Falciani: o HSBC PB permitiu a lavagem dos capitais de narcotraficantes, sobretudo sul-americanos. Na França, tal operação deu origem ao dossiê Virus. O Office central de répression du trafic illicite de stupéfiants [Agência Central de Repressão do Tráfico Ilícito de Entorpecentes] (OCRTIS) investiga, desde 2012, o tráfico de maconha que inunda o Hexágono a partir do... Marrocos. Pois é.

E o HSBC PB estava envolvido nesse negócio por intermédio dos irmãos Elmaleh (sem vínculo aparente com o humorista já mencionado) e de um mecanismo de lavagem de dinheiro. De acordo com um relatório final de 6 de janeiro de 2015, "esse sistema de lavagem por compensação era dirigido a partir da Suíça por Meyer Elmaleh, diretor desde 2009 da empresa de investimentos GPF, sediada em Genebra". A contadora da GPF é simplesmente Joëlle Benaïm, esposa de Marc Benaïm, gerente de contas no... HSBC.

De acordo com os gendarmes, "os clientes da GPF eram titulares de contas no HSBC Suíça, no qual Judah Elmaleh (membro do comitê executivo) e Nessim Elmaleh trabalhavam, pelo menos, desde dezembro de 1999". O mecanismo é simples. Mardoché Elmaleh, irmão das duas pessoas supracitadas, efetuava coletas de dinheiro vivo junto a narcotraficantes. "Em seguida, de acordo com os investigadores, Mardoché Elmaleh entregava esses fundos a sonegadores fiscais, clientes nomeadamente do HSBC PB, a partir das instruções de Meyer, de Nessim ou de Judah Elmaleh." Conclusão dos investigadores: "Meyer Elmaleh era, assim, o pivô e o organizador da rede de lavagem, favorecendo ao mesmo tempo narcotraficantes e sonegadores fiscais franceses..." Como essa vertente do caso continua ainda na fase de instrução, presume-se que todas essas pessoas — das quais algumas contestam tais fatos — sejam inocentes.

Os gendarmes vão agora reconstituir a trajetória do crime. Identificar todos aqueles que acabaram contribuindo para esse vasto mecanismo de lavagem de dinheiro oriundo do narcotráfico. Por enquanto, uma filial do HSBC na Inglaterra já é objeto das investigações...

Impressionante como esse caso é realmente incrível.

Quanto mais se procura, mais se descobre. Podemos depositar confiança no juiz Daïeff para levar a bom termo seu trabalho.

Pelo menos, tentar.

A operação Bancos Limpos está apenas começando.

Epílogo

É isso. Um desfecho provisório.

Oito percursos humanos, profissionais, oito personagens indomáveis e um tsunami jornalístico.

Desde o lançamento on-line, no site do *Le Monde* — no domingo, 8 de fevereiro de 2015, um pouco antes das 22 horas —, do primeiro artigo que desencadeava o SwissLeaks, compreendemos que o caso teria imensas repercussões, e não apenas midiáticas. Alguns dias antes de publicar essa investigação, havíamos tido uma prova de suas consequências.

De fato, no final da tarde de quarta-feira, 4 de fevereiro, Le 360 — um obscuro site da internet marroquino, considerado próximo do regime — publicou um artigo corrosivo com o único propósito de tentar desacreditar antecipadamente o trabalho do *Le Monde*. Intitulado "A face oculta de um 'inquérito' contra a família real", ele evocava "pseudoinvestigações" e "informações requentadas que, sem dúvida, serão apresentadas como revelações".

Totalmente surreal, uma vez que se tratava de contestar o conteúdo de um artigo não publicado, nem mesmo redigido, o procedimento dava testemunho sobretudo da extrema inquietação da família real, que não suporta o interesse de alguém por seu suntuoso estilo de vida. O site chegou inclusive a reproduzir *in extenso* a correspondência dirigida, em nosso nome, a pessoas próximas de Mohammed VI a fim de lhes propor uma reação às informações que tínhamos intenção de publicar. Nesse artigo, constavam, é óbvio, nossos endereços eletrônicos e, sobretudo, os números de nossos celulares, que, desse modo, se tornaram públicos instantaneamente, com as consequências que se pode imaginar...

Essa desastrada manobra não foi longe: de fato, a partir de informações bem parciais acerca do conteúdo de nossas pesquisas, o site na internet — assim como a família real — acreditara manifestamente, de forma equivocada, que estávamos preparando uma investigação exclusiva sobre a fortuna de Mohammed VI! Ao tornar-se evidente que nossa operação se referia efetivamente a milhares de personalidades do mundo inteiro, desmoronou a tese absurda de um complô antimarroquino do qual o *Le Monde* teria sido o instrumento. Aliás, depois que nossas revelações se tornaram públicas, já não se ouviu nenhum protesto por parte das autoridades marroquinas, com receio, sem dúvida, de soçobrar ainda mais no ridículo. O rei limitou-se a fazer com que recebêssemos uma comunicação na qual assegurava que sua conta tinha sido aberta "no estrito respeito da regulamentação fiscal e jurídica em vigor", sem fornecer, no entanto, a mínima prova.

E Mohammed VI, que era recebido precisamente — acaso absoluto — no Palácio do Eliseu, na tarde da segunda-feira, 9 de fevereiro, no exato momento em que o *affair* SwissLeaks aparecia em manchete do *Le Monde*, não evocou em nenhum

Epílogo

instante essa história, bem embaraçosa para sua imagem, por ocasião de sua entrevista com o presidente francês, François Hollande.

As revelações dos numerosos órgãos da mídia parceiros do *Le Monde* provocaram, de qualquer forma, tal maremoto que as recriminações do regime marroquino — pouco acostumado, é verdade, à insolência jornalística — foram rapidamente desmontadas. Os membros do ICIJ efetuaram realmente um trabalho formidável. Houve, em primeiro lugar, uma ofensiva focada nos nomes. Numerosos casos simbólicos de sonegadores ou exilados fiscais foram revelados. Do atacante da "Celeste", o jogador uruguaio Diego Forlán, ao ex-tenista russo Marat Safin, passando pelo rei Abdullah II, da Jordânia, o sultão de Omã, Qabus ibn Said, o príncipe herdeiro de Bahrein, Salman bin Hamad Al-Khalifa, um xeque irmão do ex-emir do Qatar Khalifa bin Ali bin Abdullah Al-Thani, a top model Elle MacPherson e o cantor senegalês Youssou Ndour...

Um grande número de *stars* da música figura, aliás, nos arquivos, com toda a razão para a maioria delas, visto que se tornaram residentes fiscais da Suíça. É o caso, por exemplo, de Tina Turner, Phil Collins e David Bowie. O incomparável ídolo do *glam rock* é, de fato, residente helvético desde 1976, ano em que gravou o enfeitiçante álbum *Station to Station*.

O HSBC Private Bank de Genebra atraía também, do mundo inteiro, clientes muito menos recomendáveis. Assim, ficou confirmado que alguns mantinham vínculos com movimentos terroristas, em particular islâmicos. De acordo com um relatório do Senado norte-americano de 2012, o HSBC foi durante muito tempo "um dos bancos internacionais mais ativos na Arábia Saudita". Nos Estados Unidos, o estabelecimento deve ininterruptamente justificar-se. É de fato uma notável equipe a que figura no banco de dados dos clientes da instituição bancária helvética: um príncipe saudita que, no passado, protegeu o chefe da Al-Qaeda; outro príncipe, cuja esposa enviou dinheiro a um dos autores dos atentados do Onze de Setembro; o ex-tesoureiro de uma organização suspeita de ser testa de ferro da Al-Qaeda; ou ainda um indivíduo cuja usina foi bombardeada por militares dos Estados Unidos sob a suspeita de que armas químicas eram fabricadas em suas instalações.

Mas além do estrito aspecto da fraude fiscal, frequentemente associada a iniciativas individuais, o próprio banco, suas práticas, seus entendimentos cúmplices com as autoridades é que foram expostos em plena luz. Está fora de questão apresentar aqui a lista completa, nação por nação, das consequências da publicação simultânea, em quase cinquenta países, das informações oriundas de nosso pen drive. Pedidos de CPIs, demissões, apresentação de desculpas públicas por parte do banco, abertura de processos judiciais...

Por ser internacional, a fraude provocou um escândalo da mesma amplitude.

Que não poupou nem a própria Suíça. Inimaginável!

No entanto, a Confederação Helvética fez o impossível para evitar a disseminação do caso. Mas o alcance da deflagração obrigou as autoridades a reagir. Em 18 de fevereiro de 2015, o Ministério Público do cantão de Genebra anunciou que, "na sequência das recentes revelações públicas relativas ao banco HSBC Private Bank", havia solicitado a abertura de um "processo penal contra o banco e contra desconhecidos". Por "crime de lavagem de dinheiro com agravantes".[35]

Até então, a justiça suíça distinguira-se especialmente tanto por seu zelo em acuar, em vez dos sonegadores, Hervé Falciani — indiciado, em 11 de dezembro de 2014, pelo MPC em decorrência de "espionagem econômica" e "violação do sigilo bancário" — quanto por sua falta de colaboração com os magistrados, e não apenas franceses.

Assim, seus homólogos belgas, que investigam também há vários anos o HSBC PB, evocaram publicamente, logo após a revelação do SwissLeaks, que a justiça suíça — assim como o próprio banco — nunca tinha respondido aos pedidos de cooperação do juiz Michel Claise, encarregado dos inquéritos em Bruxelas. Esse juiz de instrução, especializado em crimes financeiros, tinha acusado o HSBC Private Bank, em novembro de 2014, de "fraude fiscal com agravantes" e "lavagem de dinheiro", suspeitando que ele tivesse ajudado "conscientemente" centenas de clientes, em particular negociantes de diamantes de Antuérpia, a burlar o fisco. Em 9 de fevereiro de 2015, a porta-voz do Ministério Público de Bruxelas, Ine Van Wymeersch, indica com precisão o seguinte: "O juiz disse que era tão difícil obter informações que ele planejava lançar mandados internacionais contra os dirigentes em exercício tanto na Bélgica quanto na Suíça." No total, contribuintes belgas desonestos haviam dissimulado quase 6,2 bilhões de dólares nos cofres do HSBC de Genebra apenas no período de

---

[35] No início de junho de 2015, a imprensa noticiou o arquivamento da ação criminal intentada contra o HSBC, que decidiu pagar 43 milhões de dólares às autoridades de Genebra. De acordo com o comunicado oficial, o banco concordou em pagar a multa por não ter conseguido evitar crimes financeiros.

novembro de 2006 a março de 2007, um valor enorme em relação ao tamanho do país.

Inquietante também para o banco britânico é o fato de que ele se encontra à mercê de processos judiciais nos Estados Unidos. Eis o que foi indicado, em 10 de fevereiro de 2015, pela procuradora federal do distrito Leste de Nova York, Loretta Lynch — designada, em novembro de 2014, por Barack Obama para substituir Eric Holder como ministra da Justiça.

Em dezembro de 2012, o banco já tinha concordado em pagar 1,9 bilhão de dólares para encerrar o processo por lavagem de dinheiro do narcotráfico. Mas esse arranjo não fornece "nenhuma proteção contra ações judiciais" ulteriores com base em outros fatos, garantiu Loretta Lynch em um texto enviado aos senadores norte-americanos. A ministra apoia-se nos "artigos de imprensa" dedicados ao SwissLeaks. De acordo com os cálculos do ICIJ, os 4,2 mil clientes norte-americanos identificados nas listas do HSBC PB tinham aplicado em Genebra, entre novembro de 2006 e março de 2007, 13,2 bilhões de dólares.

Mas é, sem dúvida, na Grã-Bretanha, pátria-mãe do HSBC, que a onda de choque foi mais forte. "O Comitê das Contas Públicas (da Câmara dos Comuns) vai abrir de imediato um inquérito. Solicitaremos ao HSBC que nos forneça os elementos para essa operação. Se necessário, vamos intimá-lo a cumprir tal ordem", anunciou na BBC, em 9 de fevereiro de 2015, Margaret Hodge, a presidente trabalhista desse comitê, acrescentando que "as revelações sobre o HSBC demonstram uma vez mais a opacidade de uma indústria mundial a serviço de uma elite abastada".

Convocado por deputados britânicos, o diretor-geral do HSBC, Stuart Gulliver (o qual detinha quase 8 milhões de dó-

Epílogo

lares em sua própria conta na Suíça), foi severamente criticado pelos parlamentares, enquanto Stephen Green, presidente do gigante bancário na época dos fatos, era exposto ao opróbrio público. De fato, esse banqueiro influente foi nomeado, logo depois de sua saída do HSBC, ministro do Comércio do governo conservador de David Cameron (2011-2013). "Será que o premiê pretende realmente nos levar a acreditar que, durante os três anos em que Stephen Green foi ministro, ele nunca lhe falou sobre o que se passava no HSBC?", perguntou Ed Miliband, líder da oposição trabalhista, na Câmara dos Comuns, por ocasião de um tumultuado debate.

Em uma tentativa para apagar o fogo, a diretoria do HSBC chegou inclusive a publicar uma longa carta de desculpas na imprensa britânica. Ela fez eco ao comunicado que o banco tinha nos enviado, na época da revelação do SwissLeaks. "O HSBC empreendeu numerosas iniciativas destinadas a impedir o uso de seus serviços bancários para fins de evasão fiscal ou lavagem de dinheiro", explicava ela. "Reconhecemos e somos responsáveis por omissões no passado em relação ao cumprimento das regras e ao controle" (ver Anexo 4).

Ainda seria possível evocar o governo argentino, determinado a reclamar, com base no SwissLeaks, mais de 3 bilhões de dólares ao banco, ou seu homólogo brasileiro, que desencadeou imediatamente um inquérito federal sobre possíveis "atos ilícitos"...

A França, por sua vez, é um caso especial.

De maneira bastante curiosa, trata-se certamente do país — apesar de ter estado na origem do escândalo — em que a revelação do caso SwissLeaks teve o menor impacto. O paradoxo é apenas aparente. Por duas razões: uma boa e outra ruim.

A boa razão é que a justiça e o fisco na França, primeiros destinatários das listas, em 2009, investigam já há algum tempo as práticas do HSBC Private Bank e já haviam apanhado boa parte dos contribuintes franceses em infração, operação noticiada amplamente pela imprensa nos anos mais recentes: no início de 2014, o *Le Monde* e, em seguida, o *Mediapart*, como já foi dito, publicaram — aliás, revelações recebidas em meio a relativa indiferença — os nomes de personalidades francesas visadas pelo fisco com base nas listas do HSBC.

Quanto à razão ruim, tem a ver com o fato de que, bastante rapidamente, a polêmica desviou-se em direção... aos jornalistas do *Le Monde* na origem das revelações. O escândalo já não era a participação em uma fraude fiscal colossal, mas a sua revelação! Uma vez mais, os cidadãos eram rogados a se interessarem pelos mensageiros em vez da própria mensagem. Uma especificidade bem francesa, infelizmente, e que não deixa de ser motivo de surpresa no exterior.

Um capítulo inteiro seria insuficiente para apresentar a lista dos testemunhos que recebemos, por parte de jornalistas, mas também de professores universitários, políticos, dirigentes de associações e simplesmente cidadãos, sejam eles norte-americanos, indianos, ingleses ou mexicanos: todos afirmam seu espanto diante dos violentos ataques contra os jornalistas do *Le Monde*.

A principal crítica dirigida contra nós: teríamos injustamente "arrastado pela rua da amargura" a identidade de infelizes contribuintes, praticando assim a "delação". Um termo com uma conotação terrível, a respeito do qual ninguém pode ignorar que remete quase automaticamente a um dos períodos mais sombrios da história da França, ou seja, a colaboração com os nazistas e a atmosfera de suspeita vivenciada na época. É o cúmulo! Uma vez que proscrevemos totalmente, em nossos artigos assim como em nossos livros, e contrariamente à maioria de nossos confrades, o recurso às citações em *off*, que nos levam a pensar demais nas cartas anônimas daquele período...

Delação.

O primeiro a utilizar essa palavra foi Pierre Bergé — um dos acionistas do... *Le Monde*, cujo conselho de supervisão é presidido por ele —, em entrevista à estação de rádio RTL. Houve quem tivesse considerado tal posição como a prova de que não havia total liberdade em nosso jornal, de que seus jornalistas se encontravam sob a pressão dos acionistas, quando, afinal, o que ocorre é exatamente o contrário: a irritação de Pierre Bergé, próximo do regime marroquino, era — certamente, por absurdo — a melhor ilustração da impossibilidade para os acionistas de exercer o mínimo controle sobre o conteúdo editorial do jornal.

Podemos, aliás, testemunhar aqui que, desde a chegada do trio Bergé-Niel-Pigasse[36], no final de 2010, nunca encontramos o menor obstáculo no exercício da nossa profissão. Xavier Niel, por exemplo, perdeu com o SwissLeaks um contrato de vários milhões de dólares no Marrocos. Ele nunca se manifestou publicamente a esse respeito, tampouco criticou nosso trabalho.

Pelo contrário, nunca deixamos de ser incentivados a revelar o maior número possível de informações comprometedoras — desde que sejam de interesse público, é claro. De qualquer forma, a redação do *Le Monde*, que havia denun-

---

36 Referência a Pierre Bergé, empresário no setor da moda; Xavier Niel, empresário na área das telecomunicações; e o banqueiro Matthieu Pigasse. O montante de sua participação financeira elevou-se a 110 milhões de euros.

ciado de imediato as afirmações de Pierre Bergé, zela ciosamente por sua independência.

Se um investidor tiver a pretensão de exercer sua influência sobre a linha editorial de um jornal, é preferível que aplique seu dinheiro em uma publicação na Coreia do Norte — de qualquer modo, não no *Le Monde*.

O essencial, obviamente, encontra-se alhures: o caso SwissLeaks terá desempenhado as funções não só de revelador (no caso concreto da amplitude da fraude fiscal), mas também de acelerador de um movimento sem dúvida irreversível que visa acabar com a opacidade financeira no plano internacional. O SwissLeaks tornou irrevogável tal processo: à Suíça, resta a alternativa de cumprir seu compromisso de abandonar, em 2018, seu sacrossanto sigilo bancário, que não deixou de contribuir para sua fama e, sobretudo, para sua prosperidade.

Sob a pressão dos Estados Unidos, cerca de cinquenta Estados — incluindo Luxemburgo, Hong Kong e Cingapura — já prometeram aplicar a troca automática de informações. Alguns países ainda oferecem resistência, a exemplo do Panamá e alguns outros paraísos fiscais.

Esses constituem provavelmente os últimos obstáculos para a operação Capitais Limpos em escala mundial. O caso SwissLeaks revelou também o papel primordial desempenhado por esses Estados, tão desleixados em verificar a origem dos fundos depositados nas instituições situadas em seus territórios. A própria diretoria do HSBC Private Bank não recomendava aos clientes que se refugiassem por trás de empresas *offshore* a fim de criar um anteparo suplementar e, assim, ter um pouco mais de certeza de escapar aos impostos? Onipresentes (mais de 20 mil) nas listas subtraídas por Hervé

Epílogo

Falciani, essas empresas de fachada estão longe de ter revelado seus segredos, visto que seus proprietários continuam sendo, na sua maioria, desconhecidos dos serviços fiscais, dos magistrados ou dos... jornalistas.

Eis por que o *affair* HSBC ainda não chegou a seu termo. Diversos investigadores franceses que têm trabalhado a partir dos famosos dados chegaram a nos manifestar sua convicção de que os maiores sonegadores, os casos mais sensíveis, dissimulavam-se sem dúvida por trás dos "testas de ferro" de toda espécie, como os supostos "empregados do HSBC" (é pelo menos assim que eles apareciam nos registros do banco), titulares às vezes de dezenas de milhões de dólares, e cujos verdadeiros donos ainda continuam sendo procurados. Mas também, e acima de tudo, as famosas empresas de fachada. Intuição confirmada, em 27 de abril de 2015, pelas revelações do *Mediapart* sobre a fortuna oculta de Jean-Marie Le Pen. O ex-presidente do partido Front national teria aplicado, em Genebra, discretamente, 2,2 milhões de euros no HSBC através de seu mordomo, Gérald Gérin. Este último seria o proprietário de uma fundação sediada nas Ilhas Virgens Britânicas, titular oficial da conta aberta no HSBC Private Bank... Tudo leva a crer que Jean-Marie Le Pen não é um caso isolado. Qual seria o número exato de outras personalidades, em particular políticos, que se dissimulam ainda por trás de estruturas opacas?

Eis o que poderia explicar a emoção incrível que, na França, tomou conta das autoridades no domínio fiscal, judicial e, sobretudo, político no momento de gerenciar as incômodas listas subtraídas, no outro lado da fronteira, por Hervé Falciani.

Ainda devem ser empreendidas, portanto, numerosas investigações. Em alguns países, elas estão apenas começando!

Logo após a revelação do SwissLeaks, Áustria, Eslováquia e Portugal, por exemplo, pediram oficialmente à França que lhes transmitisse as listas. No entanto, sua existência já era conhecida havia vários anos, mas, manifestamente, alguns Estados ainda não tinham considerado urgente sua demanda. Milagre da midiatização... Razão suplementar para que os jornalistas prossigam suas pesquisas.

Desde fevereiro de 2015, várias dezenas de jornais do mundo inteiro, de Mônaco à Croácia, nos consultaram, assim como ao ICIJ, sobre a possibilidade de buscar informações nas listas do HSBC. Por exemplo, o *New York Times* examina, por sua vez, os dados norte-americanos.

O fim dessa história ainda deverá ser escrito.

Colocamos sob proteção algumas cópias de nosso pen drive.

Simples precaução.

ANEXOS

Anexo 1

Carta da diretoria do HSBC para seus clientes
(original à p. 229)

HSBC Private Bank
Fevereiro de 2005
Conta nº xxxxxx

INFORMAÇÕES FISCAIS IMPORTANTES

Caro cliente,

Na sequência de nossa carta de setembro último, desejamos confirmar-lhe que o acordo entre a União Europeia (UE) e a Suíça — "Directive de fiscalité des revenus de l'épargne" (DEF) [Tributação dos Rendimentos da Poupança] — está em processo de redação definitiva e é quase certo que seremos obrigados a reter um imposto na fonte sobre os rendimentos obtidos em sua conta a partir de 1º de julho de 2005.

Nossos arquivos indicam que sua conta deverá pagar esse imposto considerando seu estatuto como residente da UE. Queira informar-nos imediatamente se essa informação está incorreta ou se houve alteração de seu estatuto.

Na ausência de outra legislação, o imposto de renda é, na Suíça, retido na fonte, mas o(a) sr(a). ainda pode determinar que o banco transmita seus rendimentos às autoridades fiscais de seu domicílio. Queira tomar nota de que a divulgação de tais informações só será feita após o recebimento de suas instruções explícitas. A pedido de seu gerente de conta, nós lhe forneceremos o formulário apropriado a ser preenchido e devolvido.

Queira tomar nota de que existem diferentes possibilidades para atenuar o efeito econômico desse imposto ou até para tirar partido de alguns cenários de mercado que emergirão após sua introdução. Alguns produtos dessa natureza podem estar disponíveis no país de sua residência e o(a) sr(a). pode entrar em contato conosco a esse respeito.

O(A) sr(a). pode igualmente reestruturar seus ativos para proceder a investimentos em obrigações com juros isentos de imposto. Além disso, outros produtos estão e estarão disponíveis para oferecer-lhe uma gama de possibilidades de gestão da liquidez a curto prazo. Seu gerente está de bom grado à sua disposição para avaliar com o(a) sr(a). as diferentes opções.

Mesmo que um projeto destinado à implantação da DEF na Suíça já tenha sido publicado, algumas questões ainda não encontraram uma resposta nítida. Sugerimos-lhe que discuta acerca de seus ativos pessoais em fundos e em títulos com seu gerente de conta.

Por esta breve mensagem, esperamos ter chamado sua atenção para o fato de que, embora a data-limite de 1º de julho de 2005 esteja próxima, existem numerosos instrumentos e estruturas suscetíveis de permitir-lhe tirar melhor proveito de seus rendimentos nesse novo contexto.

Cordialmente,

Colin Wyss
Membro do comitê executivo

Denis Soussi
Membro da diretoria

HSBC Private Bank

Février 2005

Compte No : XXXXXXX

- INFORMATIONS FISCALES IMPORTANTES -

Cher client,

Suite à notre lettre de septembre dernier, nous désirons vous confirmer que le cadre de l'accord entre l'Union Européenne (UE) et la Suisse (la « Directive de fiscalité des revenus de l'épargne ») (DEF) est en cours de finalisation et qu'il est presque certain que nous devrons retenir un impôt à la source sur les revenus d'intérêt perçus pour votre compte dès le 1er juillet 2005.

Nos archives indiquent que vous serez soumis à cet impôt étant donné votre statut de résident de l'UE. Veuillez nous informer immédiatement si cette information est incorrecte ou si votre statut a changé.

La retenue à la source de l'impôt est l'option par défaut en Suisse, mais vous pouvez encore choisir de demander à la Banque de divulguer vos revenus aux autorités fiscales de votre domicile. Veuillez noter que nous ne divulguerons ces informations qu'après réception d'instructions explicites de votre part. Sur demande à votre Gestionnaire de Compte, nous vous fournirons le formulaire approprié à remplir et à nous retourner.

Veuillez noter que différentes possibilités existent pour atténuer l'effet économique de cet impôt ou même pour profiter de certains scénarios de marché qui émergeront suite à son introduction. Certains produits de cette nature peuvent être disponibles dans votre pays de résidence et vous pouvez nous contacter à ce sujet.

Vous pouvez également souhaiter restructurer vos avoirs pour procéder à des investissements en obligations à intérêt non imposable. En outre, d'autres produits sont et seront disponibles pour vous offrir une gamme de possibilités de gestion des liquidités à court terme. Votre gestionnaire se tient volontiers à votre disposition pour évaluer avec vous les différentes options.

Alors qu'un projet destiné à la mise en place en Suisse de la Directive de fiscalité des revenus de l'épargne a été publié, certaines questions n'ont toujours pas trouvé de réponse claire. Nous vous suggérons de discuter de vos avoirs personnels en fonds et en titres avec votre Gestionnaire de Compte.

Par ce bref message, nous espérons vous avoir rendu attentif au fait que, bien que la date butoir du 1er juillet 2005 soit proche, de nombreux instruments et structures existent qui peuvent vous permettre d'améliorer vos rendements dans ce nouvel environnement.

Cordialement.

HSBC Private Bank (Suisse) SA

Colin Wyss
Membre du Comité Exécutif

Denis Soussi
Membre de la Direction

Anexo 2

**E-mails de Hervé Falciani
enviados para os serviços secretos britânicos e alemães**

   From: "toomuchwalls@yahoo.fr" <toomuchwalls@yahoo.fr>
Subject: **tax evasion**
   Date: March 7, 2008 1:21:01 PM GMT+01:00
     To: zentrale@bundesnachrichtendienst.de

I have the whole list of client of one of the world top five private bank.
   1/ This bank is based in Switzerland.
   2/ I'm also granted to access to the Information System.

   From: toomuchwalls@yahoo.fr
Subject: **tax evasion: client list available**
   Date: March 18, 2008 11:03:59 PM GMT+01:00
     To: Sosfa-action@fco.gov.uk

I have the whole list of client of one of the world top five private bank.
   1/ This bank is based in Switzerland.
   2/ I'm also granted to access to the Information System.

   From: toomuchwalls@yahoo.fr
Subject: **tax evasion: client list available**
   Date: March 18, 2008 11:05:09 PM GMT+01:00
     To: Enquiries.estn@hmrc.gsi.gov.uk

I have the whole list of client of one of the world top five private bank.
   1/ This bank is based in Switzerland.
   2/ I'm also granted to access to the Information System.

Anexo 3

Carta de Hervé Falciani aos serviços secretos alemães

Ruben Al Chidiack
Birth: 19/03/1972
25/03/2008 Geneva
barack_j@yahoo.co.uk

Dear Madame Venter,

Please contact me by email.
Here follow a few facts required to present better what I possess:

1. All the clients' detail of the **HSBC Private bank SA (Switzerland)**:

   - 20130 Companies
   - 107181 Persons

2. Historical data of their assets since many years until nowadays (aroud 70 gigas)

3. I have about 40 tables full of data

Here a few details about the structure of the data I have and after a few statistics :

Assets :

SCTY_NB	INTEGER
PERIOD_DT	INTEGER
GRAP_NB	INTEGER
ASRB_ID	SMALLINT
THIRD_PART_CD	VARCHAR
CLIE_NB	INTEGER
IN_ASSET_CR_AMT	DECIMAL
OUT_ASSET_CR_AMT	DECIMAL
ACCRUED_INT_CR_AMT	DECIMAL
IN_ASSET_DB_AMT	DECIMAL
OUT_ASSET_DB_AMT	DECIMAL
ACCRUED_INT_DB_AMT	DECIMAL
TYPE_CLIENT_FLG	VARCHAR
GRAP_CURRENCY_ID	INTEGER
ACCO_CD	VARCHAR
RUBRIC_GROUP_CD	INTEGER

Anexo 4

Resposta do HSBC ao SwissLeaks

Atualização sobre a evolução da situação — janeiro de 2015

<u>Apresentação geral</u>

O HSBC Global Private Banking (GPB) e, em particular, seu banco privado na Suíça, o HSBC Private Bank-Suíça, passaram por uma transformação radical nos últimos anos. O HSBC empreendeu numerosas iniciativas com o objetivo de impedir a utilização de seus serviços para a evasão fiscal ou lavagem de dinheiro.

No passado, o funcionamento do setor bancário na Suíça era muito diferente do que ocorre atualmente. Os bancos privados, incluindo o HSBC Private Bank-Suíça, partiam do princípio de que a responsabilidade do pagamento dos impostos cabia aos clientes e não aos estabelecimentos em que se encontravam suas contas. Em geral, os bancos privados nesse país eram utilizados por indivíduos ricos para gerenciar as respectivas fortunas de maneira discreta. Existem múltiplas razões legítimas de possuir uma conta bancária na Suíça; no entanto, em determinados casos, algumas pessoas tiravam proveito do sigilo bancário para deter contas não declaradas. Por conseguinte, vários bancos privados, incluindo o HSBC Private Bank-Suíça, tinham certo número de clientes que, provavelmente, não respeitavam de forma cabal suas obrigações fiscais. Reconhecemos e somos responsáveis por omissões no passado em relação ao cumprimento das regras e ao controle.

Há vários anos, tomamos medidas decisivas para implementar reformas e encerrar as contas dos clientes que não respeitavam plenamente as novas normas estritas do HSBC, em particular quando tínhamos dúvidas em relação ao cumprimento por eles das regras fiscais. Além disso, reorientamos nosso banco privado na Suíça para os clientes dos mercados estratégicos do grupo, como os proprietários e diretores das empresas clientes dos bancos comerciais do grupo. Na sequência desse reposicionamento, o HSBC Private Bank-Suíça reduziu sua clientela em cerca de 70%, desde 2007.

Estamos decididos a trocar informações com as autoridades interessadas e aplicamos ativamente as medidas que garantam a transparência fiscal de nossos clientes, inclusive antes da existência de uma obrigação regulamentar ou jurídica nesse sentido. Cooperamos igualmente com as autoridades que empreendem investigações sobre essas questões.

Evolução das expectativas do setor

Verificou-se uma evolução considerável no que se refere às expectativas das autoridades e do público quanto ao papel de um banco em matéria de controle do cumprimento das obrigações fiscais de seus clientes. Atualmente, espera-se que os bancos colaborem com a administração fiscal a fim de acuar os sonegadores, além de não facilitar a evasão fiscal ou qualquer outra forma de não cumprimento das obrigações fiscais.

Importantes reformas regulamentares estão em curso em numerosas jurisdições para garantir a partilha de informações em tempo hábil com as autoridades interessadas. As convenções fiscais bilaterais, a lei norte-americana FATCA, a Norma Comum de Declaração da OCDE e outras iniciativas têm o objetivo de aprimorar a transparência e assegurar que, em um futuro próximo, se torne impossível que uma pessoa venha a "ocultar" ativos à administração fiscal.

O HSBC elogia e apoia tais reformas, em particular a passagem para a Norma Comum de Declaração, em 2016-2018, e já estamos em vias de adotar todas as medidas necessárias para cumprir nossas obrigações.

As reformas do HSBC

Histórico

Antes da aquisição do Republic National Bank of New York and Safra Republic Holdings SA, um banco privado norte-americano, em 1999, o HSBC tinha uma atividade de banco privado, bastante limitada, orientada principalmente para os clientes do grupo. O HSBC Private Bank-Suíça foi adquirido, em grande parte, pelo viés dessa transação. Tanto a clientela quanto a cultura da empresa Republic/Safra eram totalmente diferentes das do HSBC. Concluída a aquisição, ela não se integrou plenamente ao grupo, a fim de permitir a permanência das diferentes culturas e normas. Um número demasiado elevado de pequenas contas de alto risco foi conservado e a atividade abrangia mais de 150 mercados geográficos.

Reconhecemos que a cultura do cumprimento das obrigações e que as normas de procedimento razoável do HSBC Private Bank-Suíça, assim como do setor dos bancos privados em geral, eram nitidamente menos estritas do que são atualmente. Ao mesmo tempo, o HSBC era gerenciado de maneira menos unificada do que ocorre no presente, e as decisões eram tomadas frequentemente no âmbito de cada país.

Presente

Em janeiro de 2011, a nova diretoria do grupo modificou fundamentalmente sua estrutura, sua gerência e seu controle. O HSBC foi reorganizado em quatro setores de atividades mundiais: Global Banking & Markets (banco e mercados), Global Private Banking (banco privado), Commercial Banking (banco comercial) e Retail Banking & Wealth Management (banco de varejo e gestão de patrimônio). Além disso, foram criadas algumas funções no plano mundial, compreendendo os serviços encarregados da gestão dos riscos e do cumprimento das obrigações (Risk & Compliance), das questões jurídicas (Legal) e da auditoria (Audit) para garantir um controle centralizado e uma melhor supervisão.

Paralelamente, o HSBC empreendeu uma reorganização completa de toda a sua atividade como banco privado, que foi acrescentada às iniciativas tomadas anteriormente em relação aos clientes norte-americanos, desde 2008. Pela primeira vez, a gestão mundial do GPB foi transferida para a Suíça a fim de proceder a essa eliminação dos riscos e a essa reforma.

O GPB voltou a seu modelo de atividade inicial, orientado para os proprietários e diretores das empresas clientes dos bancos comerciais do grupo. Hoje, a equipe dirigente que empreende tais reformas, a partir da Suíça, é radicalmente diferente do que era antes de 2011.

Exposição das mudanças

A partir de 2011, o GPB elaborou uma política de transparência fiscal, ao anunciar que encerraria as contas e recusaria qualquer novo contrato desde que houvesse alguma razão para pensar que o cliente ou potencial cliente não cumpre plenamente com suas obrigações fiscais. No âmbito da iniciativa tomada em relação à transparência fiscal, as contas existentes — que o banco tinha a intenção de conservar — foram objeto de uma análise. Cada conta foi estudada em relação a uma lista de controle normalizada, a fim de identificar os potenciais indicadores de não cumprimento das obrigações fiscais. Os problemas encontrados foram submetidos a uma análise mais meticulosa e, por falta de solução satisfatória, a conta foi imediatamente encerrada ou seu encerramento será efetuado desde que possível.

No âmbito da iniciativa tomada em relação à transparência fiscal, aprimoramos igualmente nossos procedimentos no que se refere tanto ao conhecimento dos clientes (KYC), sobretudo graças a uma validação independente por revisores de contas, quanto à luta contra a lavagem de dinheiro (AML) para garantir uma análise mais completa quanto à fonte dos rendimentos de um novo cliente.

Modificamos nossas condições gerais de venda para exigir que os clientes confirmem que estão regularizados em relação a suas obrigações fiscais. As novas condições gerais permitiram ao banco privado recusar um pedido de resgate de espécies e impuseram controles estritos para os resgates superiores a 10 mil dólares. Quando é permitido pela legislação, as condições gerais dão direito ao HSBC de comunicar as informações de um cliente às autoridades fiscais competentes. Suprimimos o serviço de guarda da correspondência e implementamos uma nova política para remediar as eventuais ações ao portador, figurando em contas conjuntas.

Além disso, abandonamos os mercados em que não podemos exercer uma diligência razoável em um nível satisfatório sobre nossos clientes. Em cada ano, verificamos no escalão mais elevado do grupo todas as pessoas politicamente expostas, com a ajuda de nossa Célula de Informações Financeiras. À semelhança do que ocorre com o resto do Grupo HSBC, o GPB aumentou consideravelmente o número de colaboradores do serviço encarregado da gestão dos riscos e do cumprimento das obrigações.

O resultado de nossas reformas é evidente, na medida em que o número de contas e a soma de ativos totais da clientela do HSBC Private Bank-Suíça foram ativamente reduzidos por esse exercício intensivo de eliminação dos riscos, no decorrer do qual demos prioridade ao cumprimento das obrigações e à transparência fiscal, em vez da rentabilidade:

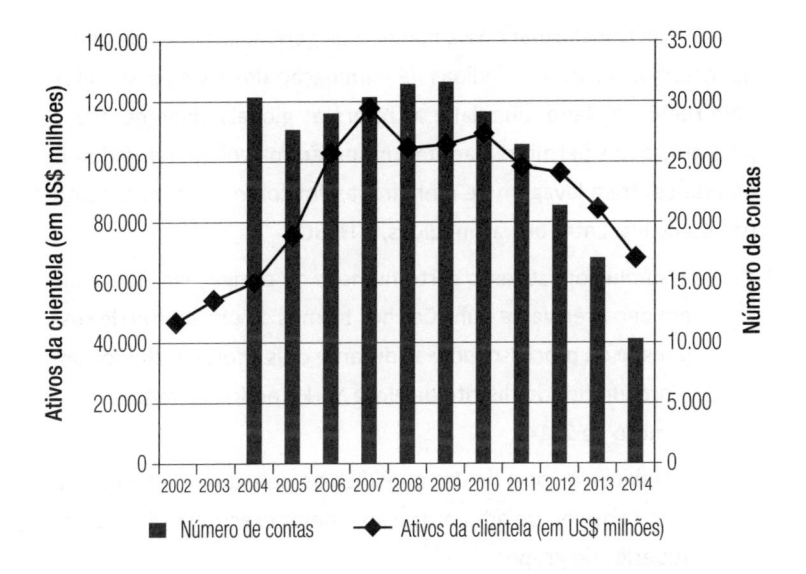

Em 2007, o HSBC Private Bank-Suíça totalizava 30.412 contas; no final de 2014, tínhamos reduzido esse número a 10.343.

Em 2007, os ativos totais da clientela do HSBC Private Bank-Suíça elevavam-se a 118,4 bilhões de dólares; no final de 2014, esse montante tinha sido reduzido ativamente para atingir 68 bilhões de dólares.

Em 2007, o HSBC Private Bank-Suíça contava clientes que residiam em mais de 150 países; estamos em vias de encerrar as contas de clientes que residem em mais de cem desses países.

Normas mundiais

Em um contexto mais amplo, nosso diretor-geral, Stuart Gulliver, anunciou em abril de 2012 que o HSBC pretendia aplicar as normas mais estritas e eficazes no âmbito do grupo para lutar contra a delinquência financeira. Vamos prosseguir com a implantação dessas normas mundiais (Global Standards) e estamos envolvidos agora, há pouco mais de dois anos, em um programa de cinco anos com o objetivo de transformar nossa maneira de gerenciar o risco de delinquência financeira. As medidas de eliminação dos riscos assumidas pelo HSBC no plano mundial e as reformas globais implementadas pelo grupo nos permitirão adotar um programa sólido e duradouro de luta contra a lavagem de dinheiro, assim como de cumprimento das punições. Entre outras medidas, o HSBC:

- assumiu com sucesso certo número de obrigações essenciais em decorrência de punições nos termos de um acordo de suspensão do processo judicial, durante dois anos, concluído com o procurador do distrito de Nova York, tendo expirado em dezembro de 2014;

- fortaleceu o controle das questões de delinquência financeira pelo conselho de administração e pelos executivos de escalão superior do grupo;

- acrescentou 1.750 profissionais da deontologia entre o quarto trimestre de 2013 e o terceiro trimestre de 2014, tendo elevado o número total de colaboradores especialistas na matéria a 6,9 mil no âmago do grupo;

- reduziu o risco global de delinquência financeira ao qual estamos expostos — ao renunciar aos produtos, clientes e mercados que apresentam um risco de delinquência financeira demasiado elevado para ser gerenciado;

- publicou estratégias mundiais em matéria de luta contra a lavagem de dinheiro e de procedimentos de punições (nossas normas mundiais), tendo implantado sistemas, procedimentos, formações, assim como uma assistência para aplicar tais estratégias por toda parte em que está presente o HSBC;

- criou uma rede mundial de Células de Informação Financeira para identificar e estudar os casos importantes, as tendências e as questões estratégicas associados aos riscos de delinquência financeira, além de compartilhar os dados e as informações úteis no âmago do grupo.

Roubo de dados

No decorrer de um período de vários meses, entre o final de 2006 e o início de 2007, um técnico em informática do HSBC Private Bank-Suíça, Hervé Falciani, recuperou de forma sistemática e deliberada os detalhes das contas e respectivos clientes. Essa ação constitui uma violação flagrante do direito penal suíço. O ex-funcionário é acusado de ter tentado vender os dados a bancos libaneses sob nome falso, como foi indicado claramente pelo Ministério Público da Confederação Helvética em um comunicado de imprensa, em 11 de dezembro de 2014 (https://www.news.admin.ch/message/index.html?lang=fr&msg-id=55629).

Pelo que julga saber o HSBC, Hervé Falciani nunca transmitiu a mínima preocupação aos superiores hierárquicos, nem utilizou o serviço telefônico de lançamento de alerta que estava instalado no momento do roubo de dados.

As autoridades francesas procederam à apreensão dos dados roubados, no domicílio dos pais de Hervé Falciani, na França. Não foi ele quem os entregou deliberadamente. Em seguida, as autoridades francesas compartilharam os dados com numerosos Estados no mundo. O HSBC cooperou e continua cooperando na medida do possível para responder aos pedidos de informação dos governos no que se refere aos titulares de contas. No entanto, fornecer dados relativos aos clientes a autoridades estrangeiras constituiria em si uma infração penal em relação ao direito suíço.

Ignora-se se a integridade dos dados foi preservada e se os dados de origem seriam em si mesmos completos e exatos. Alegações recentes de um policial francês que trabalha em Nice levam a pensar que os dados foram manipulados e, portanto, poderiam conter consideráveis inexatidões.

ESTE LIVRO FOI COMPOSTO EM GATINEAU CORPO 10,5 POR 14,6 E
IMPRESSO SOBRE PAPEL OFF-SET 75 g/m² NAS OFICINAS DA ASSAHI
GRÁFICA, SÃO BERNARDO DO CAMPO – SP, EM NOVEMBRO DE 2015